Johannes Kreyenbühl

Die Teleologie als Weltanschauung

Johannes Kreyenbühl

Die Teleologie als Weltanschauung

ISBN/EAN: 9783744677127

Hergestellt in Europa, USA, Kanada, Australien, Japan

Cover: Foto ©Thomas Meinert / pixelio.de

Weitere Bücher finden Sie auf **www.hansebooks.com**

Zeitschrift
für
Philosophie und philosophische Kritik,

im Vereine mit mehreren Gelehrten

gegründet

von

Dr. J. H. Fichte,

redigirt

unter Mitwirkung der Professoren der Philosophie an der Universität Halle

Dr. August Krohn und Dr. Günther Thiele

von

Dr. Hermann Ulrici,

Professor der Philosophie an der Universität Halle, Ehrendoctor der Theologie, auswärt. Mitglied der Accademia di scienze e lettere zu Palermo und der Accademia dei Lincei zu Rom, Ehrenpräsident der deutschen Shakespeare-Gesellschaft, Ehrenmitglied der Société scientifique d'études psychologiques do Paris.

Neue Folge.

Achtzigster Band.

Halle,
C. E. M. Pfeffer.
1882.

Die Teleologie als Weltanschauung.

Von

Dr. Johannes Kreyenbühl.

Erster Artikel.

Wenn der uralte Kampf zwischen der mechanisch-causalistischen und der teleologischen Weltansicht bis auf den heutigen Tag noch nicht ausgefochten ist, so deutet diese Thatsache einerseits auf die principielle Bedeutung hin, welche den in Frage stehenden Problemen von dem allgemeinen Bewußtseyn der Gebildeten zuerkannt wird, andererseits scheinen wir daraus schließen zu dürfen, daß unsere Frage in Folge der Vernachlässigung entscheidender oder wenigstens mitentscheidender Momente noch nicht als spruchreif gelten könne. In erster Hinsicht nun steht es für Denjenigen, der die Bedeutung jenes Kampfes mit Bewußtseyn in seiner ganzen Schärfe erfaßt hat, außer allem Zweifel, daß es sich nicht um Erledigung einzelner Controverspunkte von untergeordnetem Werthe oder bloß wissenschaftlichem Charakter, sondern um Seyn oder Nichtseyn von Weltanschauungen handelt, die in ihren Gründen, in ihrer Entwicklung und in ihren Ergebnissen nach völlig verschiedenen Richtungen auseinandergehen. Der Causalismus (als ausschließliche Welterklärung natürlich) ist naturalistisch: er legt das entscheidende Gewicht auf die natürlichen Angelegtheiten der Dinge, auf ihre immanenten Kräfte, auf die Nothwendigkeit und Unverbrüchlichkeit allgemeiner Gesetze; das ganze Daseyn ist die Entwicklung von Lebensformen, deren Werth und Bedeutung nach der Complication der Kräfte bemessen und deren Stellung im Ganzen durch die größere oder geringere Mannigfaltigkeit in der Combination der Verrichtungen bestimmt wird, die in ihnen zur Erscheinung kommen. Das Ziel der Dinge ist ihr zeitweiliges Auftauchen aus dem Strome des unaufhörlichen Werdens, ihr Ende das Verschwinden in der allgemeinen Gestaltungskraft der Natur. Der Geist ist eine complicirte Erscheinungsform der natürlichen Kräfte, eine hochgradige Steigerung des Lebens, sein Wissen ist eine reflectorische Bewegung in Folge der sinnlichen Eindrücke, sein Wollen Reaction auf das entscheidende Motiv. Die Ethik ist Pathologie und Dynamologie; sie zeigt, wie der Geist sein Wesen erhält und zu einer Macht steigert, durch die er das bloße Leiden von Außen paralysirt, ohne übrigens wesentlich aus dem gesetzmäßigen Gange und der Bestimmung der natürlichen Dinge herauszutreten. Die Teleologie dagegen ist idealistisch: Princip aller Dinge ist die Vernunft, der Geist, der Grund der Natur ist ein geistiger, die Natur hat in sich selbst, vom Geiste abgelöst, keine Bedeutung und keinen Werth, ihre Bestimmung ist ein Behikel, eine Heim- und Offenbarungsstätte des geistigen Lebens zu werden; der Geist selbst ist ein Wesen eigener und höherer Art, in seiner Erscheinung in die Natur hineingewachsen, aber mit den Wurzeln seines Seyns in eine absolut übersinnliche Ordnung der Dinge hineingestellt, aus welcher ihm die Antriebe zur Freiheit und Selbstbestimmung, zur Sittlichkeit fließen, vermöge welcher er in diesem zeitlich-räumlichen Daseyn das Reich der Ideen des Wahren, Guten und Schönen aufrichtet. Das geistige Endziel ist die Selbstvervollkommnung, d. h. die Gestaltung der natürlichen Impulse und der individuellen Anlagen zu Behikeln und Trägern eines idealen ewigen und bleibenden Gehaltes. Die Ethik basirt auf der Ueberwindung alles Natürlichen und Pathologischen durch das Bewußtseyn einer absoluten sittlichen Verpflichtung und auf der Erhebung des natürlichen Könnens zur Macht sittlich-freien Handelns. Das ist der wahre und endgültige Unterschied der beiden Weltansichten, den wir im Auge behalten müssen, wenn wir uns nicht von untergeordneten Fragen beirren und durch unwesentliche Zugeständnisse unserer Gegner auf eine falsche Bahn verlocken lassen wollen. Und allerdings ist auch der Tadel begründet genug, daß man in der teleologischen Frage nicht principiell vorgegangen ist und daß man Unwesentliches daran mit Heftigkeit verfochten hat, um das Wesentlichste preiszugeben. Schüchtern und kleinlaut geworden durch die Erfolge der mechanischen Naturerklärung und ihren Kampf gegen die alte und veraltete Physikoteleologie hat man derselben auch die Entscheidung von Fragen überlassen, die sie sachgemäß gar nicht zu lösen vermag und noch heute geberden sich ihre Verfechter, als ob ihr Princip in sich selbst wie in der Begründung des thatsächlichen Geschehens in allen Theilen durchsichtig und ohne Schwierigkeit durchführbar sey. Nach der Berechtigung dieser Behauptung zu fragen und die Schlingen aufzudecken, in welchen sich aller Causalismus mit Nothwendigkeit verwickelt, das ist bis jetzt allzusehr vernachlässigt worden. Andererseits führt man die Vertheidigung der Teleologie so, daß man das Wichtigste und Wesentliche ihres Gehaltes aufgibt und bei Ergebnissen stehen bleibt, welche sich von denen der mechanischen Naturerklärung kaum mehr als dem Ausdrucke nach unterscheiden. Wieder Andere endlich werden durch ihre sonstigen philosophischen Voraussetzungen gehindert, die Teleologie als Weltanschauung, d. h. als einen Gesichtspunkt zu betrachten, in welchem die höchsten theoretischen und praktischen Fragen in Eins zusammentreffen und von welchem aus endgültig über den Werth des Daseyns und die Stellung und Bestimmung des Menschen entschieden werden kann. Wenn wir unsererseits dieses unangemessene Verfahren vermeiden wollen, so ist uns der Inhalt und der Gang der folgenden Untersuchung deutlich genug vorgezeichnet. Wir werden nämlich zu zeigen haben, daß das Princip der Causalität, weit entfernt ein an der Oberfläche des Denkens liegendes Problem zu seyn, uns in eine Reihe von Schwierigkeiten verwickelt, die ohne Hinzunahme des teleologischen Gedankens durchaus unlösbar bleiben und das vernünftige Denken geradezu vernichten; wir haben ferner die Bedeutung der Teleologie für die speculative Welterkenntniß aufzuweisen, zugleich aber von den Anhängseln zurückgebliebener Denkweisen und den Einwürfen ihrer Gegner zu befreien; wir werden endlich den nothwendigen Zusammenhang der Teleologie mit den ethisch-praktischen Fragen und so die Erweiterung einer wissenschaftlichen Theorie zur allgemeinen Welt- und Lebensanschauung darzulegen haben.

I.

1. Vergegenwärtigen wir uns zunächst den Inhalt und die Tragweite des Princips der Causalität, soweit dies unserer Hauptaufgabe dienlich ist. Unter Causalität verstehen wir hier nicht den logischen Satz vom zureichenden Grunde oder das durch diesen Grundsatz bedingte Verhältniß der Begriffe in einzelnen Urtheilsformen, sondern die reale Beziehung der Dinge unter einander. In dieser realen Beziehung ist das starre Ansichseyn und alle Isolirtheit der Dinge aufgehoben und ein inniger Verkehr und Austausch ihrer Wirksamkeiten eingeleitet und ermöglicht: das Mit- und Für-einander-Seyn an die Stelle des Ansichseyns getreten. Die einzelnen größern Glieder dieser Causalität nennen wir Causalreihen, die einzelnen Componenten der Causalreihen aber sind die Dinge selbst als Ursachen und Wirkungen. Da sich die Causalreihen unendlich mannichfach durchkreuzen, so ist jedes Ding mit irgend einem seiner Bestandtheile in Hinsicht auf ein anderes Ursache, in Hinsicht auf ein anderes Wirkung. Die Begriffe Ursache und Wirkung sind mithin relativ, weil kein Ding absolute, für sich bestehende Ursache, noch absolute ursachliche Wirkung ist; sie sind aber auch correlativ, weil jedes Ding eine bestimmte Anzahl von Ursachen und Wirkungen hat, die ihm von dem Gesammtzusammenhang der Natur — als ideales Prius aller Einzelentwicklung gedacht — zugeordnet sind. In der Relativität liegt zugleich die allgemeine Ausdehnung des causalen Zusammenhanges, vermöge deren kein Ding als wirkungslose Ursache oder als ursachlose Wirkung fungiren kann; in der Correlativität dagegen liegt die Gesetzmäßigkeit der causalen Beziehungen, wonach auf eine bestimmte Ursache in einem bestimmten Falle stets nur eine bestimmte und constante Anzahl von Wirkungen eintritt und mit dem Wechsel

der Ursache auch ein bestimmter und constanter Wechsel der Wirkungen verknüpft ist. Eine Verletzung der **allgemeinen** Causalität müßte den Zusammenhang und die Geschlossenheit des Weltganzen durchbrechen und entweder das ordnungslose **Chaos** der alten Kosmogonie oder die eisige Ruhe aller wirkenden Kräfte im Gefolge haben. Die Verletzung der **gesetzmäßigen** Causalität dagegen würde das unberechenbare und unübersehbare Spiel des **Zufalls** entfesseln und eine tiefere Erkenntniß der Welt unmöglich machen. Uebrigens haben wir hier nothwendig die Bemerkung beizufügen, daß die allgemeinen Begriffe, welche wir bislang im Auge hatten, Sinn, Inhalt und sachliche Bestimmtheit nur durch Erfahrung, durch ein unmittelbares Erleben ihrer einzelnen Beispiele gewinnen. Was Ursache und Wirkung bedeute, was ein Ding seyn oder thun müsse, um eine Ursache, was es leiden müsse, um eine Wirkung zu seyn, durch welche sachlichen Vorgänge Ursachen und Wirkungen sich anzeigen: das Alles läßt sich nicht a priori construiren, sondern nur a posteriori erfahren. Andererseits aber wird auf diesem aposteriorisch-inductiven Wege nicht der tiefste Sinn und die allgemeine, von der erfahrungsmäßigen Einzelheit unabhängige Gültigkeit, sondern nur die thatsächliche Fülle und die concrete Besonderheit der causalen Vorgänge erkannt, sofern es sich um den Mechanismus ihrer Verwirklichung handelt. Die exacte Forschung unserer Zeit ist ein glänzendes Beispiel dieser Einsicht und zugleich die Widerlegung der alten Klage (die schon Kant K. r. V. S. 235 Hartenst. abgefertigt hat), als ob wir in das Innere der Natur nicht einzudringen vermöchten. Indeß ist doch eben diese Erkenntniß der causalen Zusammenhänge in Hinsicht auf ihre mechanische Verwirklichung nur die Eine, zwar eine wichtige und unerläßliche, aber weder alleingenügende noch abschließende Seite in der Erkenntniß des Daseyns. Was kann es uns schließlich helfen, wenn wir das Getriebe der großen Weltmaschine in seine einzelnen Bestandstücke zerlegt und die Art und Weise ihm abgelauscht haben, wie es auch das letzte vergessenste Stäubchen im hintersten

Weltwinkel zur gemeinsamen Arbeit heranzieht? Was nützt uns diese Detailmalerei, die alle ihre Entdeckungen mit dem öden Geständniß schließt, daß Alles so sey und werde, weil es so seyn und werden müsse und nicht anders seyn oder werden könne, weil es bei der gegebenen Zusammensetzung der Maschine zu keiner andern Leistung kommen könne. Wie nahe ein solches Geständniß mit dem Gefühle gänzlichen Nichtwissens sich berührt, darüber hat uns ein hervorragender Anwalt der mechanischen Weltanschauung oft und eindringlich genug beruhigt (Du Bois-Reymond: Grenzen des Naturerkennens S. 11 fg., Darwin versus Gallani S. 26). So gerne wir auch zugeben, daß die geduldige Arbeit des Naturforschers eine unerläßliche Vorbedingung jeder soliden Welterkenntniß ist und daß dieses Ziel bis auf einen gewissen Grad von der mechanischen Naturerklärung erreicht wird, so müssen wir doch ebenso entschieden betonen, daß nicht die Analyse des Einzelnen, sondern die Synthese der Zusammenhänge, nicht die Mannigfaltigkeit des mechanischen Geschehens, sondern die Einheit des Weltganzen der letzte Zweck all unserer Erkenntniß ist und daß die empirische Forschung, weit entfernt alle diese Fragen, wie einzelne ihrer vorlautesten Vertreter ankünden, endgültig lösen zu können, es sich gefallen lassen muß, das Princip der mechanischen Causalität von Seiten der Speculation einer gründlichen Revision unterzogen zu sehen, aus welcher das Princip, vielleicht zum großen Erstaunen der Empiriker, mit einem vollständig veränderten Gesichte hervorgehen wird.

2. Die Causalität ist reale Beziehung der Dinge unter sich; indem wir die Dinge denken, müssen wir nothwendig auch ihre realen Beziehungen denken. Die Vorstellung oder der Begriff eines Dinges für sich allein festgehalten ist immer eine logische, dem sachlichen Verhalten nicht entsprechende Abstraction. Man darf daher weder die Dinge causalitätslos d. h. so auffassen, daß sie selbst oder irgend etwas an ihnen sich in keiner sachlichen Beziehung manifestirte, noch auch die Causalität dinglos d. h. so behandeln, als ob sie entweder nachträglich wie ein die Dinge haltendes Band zwischen sie hineingeflickt wäre, oder als

eine der specifischen Natur und Beschaffenheit der Dinge vorausgehende Gesetzmäßigkeit sie gleichsam überschwebte und von den Sachen erwartete, daß sie sich ihr nachträglich unterwerfen werden. Gedacht und erkannt können die Dinge nur dadurch werden, daß sie in den bestimmten causalen Zusammenhang bereits eingereiht und unter sich verknüpft sind. Andererseits ist es ein ebenso unhaltbarer Gedanke, die Dinge unter sich in der Form absoluter Relation zu denken, so daß an den Dingen schlechthin Alles in Beziehung aufginge. Die Causalität als reale Relation gedacht setzt in den Dingen einen irgendwie zu fassenden substanziellen Stützpunkt voraus, von welchem die ursächlichen Thätigkeiten des Dinges auszugehen, an welchen die Wirkungen von anderen Dingen her anzuknüpfen haben. Wären alle Dinge der Welt absolute πρός τι, dann wäre ja die Beziehung selbst als absolut gesetzt, d. h. alles Bezogene wäre in seiner Totalität unbezogen, was eine contradictio in adiecto ist. Wir stehen hier offenbar vor zwei sich widersprechenden und doch gleich nothwendigen Behauptungen, davon die eine einen nicht in Relationen aufgehenden substanziellen Wesenskern der Dinge postulirt, die andere aber alles Unbezogene als undenkbar und unerkennbar erklärt. Man wende nicht ein, daß ja eben die Substanz der Dinge mittelst ihrer Eigenschaften mit den übrigen Dingen in Beziehung trete und erkennbar werde. Denn entweder ist die Unterscheidung von Substanz und Accidenz nicht lediglich eine subjectiv logische, sondern, wie die Scholastik sich ausdrücken würde, ein distinctio cum fundamento in re, d. h. beide sind irgendwie in sachlicher Hinsicht verschieden. Dann hat die Substanz etwas für sich Eigenthümliches, was nicht in Beziehungen und in ihre Merkmale aufgeht und ist sodann unerkennbar. Oder jener Unterscheidung liegen keine sachlichen Momente zu Grunde: die Substanz ist mit den Accidenzien identisch: dann ist sie ganz Relation, wir stehen wieder vor dem zweiten der oben genannten Widersprüche. Wir vermögen darum auch der von Ulrici (Zur logischen Frage S. 100) versuchten Rettung des

Dinges mit mehren Merkmalen unsere Zustimmung nicht zu geben, weil er die letzteren nur als Prädikationen des Verhältnisses eines Dinges zu andern Dingen, nicht des Dinges selber betrachtet. Was soll dann aber für das Ding und seine Beziehungen zu sich selber übrig bleiben, wenn alle Prädikationen nur seine Verhältnisse und Beziehungen betreffen, und kehrt nicht unsere oben gestellte Alternative für das Verhältniß von Ding und Eigenschaft mit doppelter Dringlichkeit wieder zurück? Wir behalten uns vor an einer andern Stelle (in einer „Kritik des phänomenalen Bewußtseyns") die Lösung dieser Widersprüche einläßlich zu begründen; für jetzt ist es uns nur um den Nachweis zu thun, von welchen enormen Schwierigkeiten der Begriff der Causalität gedrückt ist, der von den Empirikern so leichtfüßig als ein ganz selbstverständliches Erklärungsprincip betrachtet und behandelt wird. Wir formuliren diese erste Schwierigkeit zu Gunsten der Deutlichkeit noch einmal dahin: Wenn wir die Dinge nicht vollständig in ihre Relationen zu andern Dingen auflösen wollen: so müssen wir einen irgendwie gearteten substanziellen Wesensbestand derselben annehmen, der dann aber als relationslos sich der Erkenntniß völlig entzieht. Wohlgemerkt besteht diese Schwierigkeit im Grunde nur für den Empiriker, welcher keine Mittel hat sie zu lösen; die Speculation aber muß dahin trachten den Widerspruch zu überwinden und so den Causalbegriff erst wahrhaft denkbar zu machen. Einzelne Naturforscher und Philosophen haben sich dieser Schwierigkeit dadurch zu entziehen versucht, daß sie den Kant'schen Gegensatz von Ding an sich und Erscheinung erneuert und der Causalität Geltung bloß für die letztere eingeräumt haben. So meint z. B. A. Fick: „Von dieser andern Welt, welche der Welt der sinnlichen Anschauung als eine transscendente oder metaphysische, nicht in der Form von Raum, Zeit und Causalität begriffene gegenübersteht, können wir absolut nie etwas durch unsern Verstand erfahren, aber von ihrer Existenz können wir überzeugt seyn, denn sie liegt ja eben der am Faden der Causalität sich abwickelnden Welt der Vorstellung zu Grunde" (Die Welt als Vorstellung S. 15). Aber woher weiß Fick, daß eine absolut transscendente Welt der Welt der Vorstellung gegenübersteht, und wie sollen wir uns von der Existenz der erstern überzeugen, wenn die Causalität, an deren Ende jene objective Welt liegen soll, uns über die Welt der Vorstellungen nicht hinausführt? Einen ähnlichen Weg hat J. H. v. Kirchmann eingeschlagen, indem er (Philosophie des Wissens S. 199—231) nachzuweisen versucht, daß der eigentliche Inhalt des Causalbegriffes, das Erfolgen (nicht bloße Folgen) der Wirkung aus der Ursache alleiniges Product der denkenden Vernunft und kein reales Verhältniß der Dinge bedeute. Allerdings habe diese immanente Causalität an der regelmäßigen Aufeinanderfolge zweier Vorgänge ihre correspondirende Seynsgrundlage. Allein E. v. Hartmann hat in seiner inhaltreichen Gegenschrift (J. H. v. Kirchmann's erkenntnißtheoretischer Realismus, Berl. 1875, S. 38 fg.) den stringenten Beweis erbracht, daß die Regelmäßigkeit der Aufeinanderfolge selbst schon ein Beziehungsbegriff, mithin keine seyende Bestimmung ist, daß aber mit Hinwegnahme dieser Relation nichts als die nackte zeitliche Folge übrig bleibt, die für sich allein bekanntlich nur das post hoc ergo propter hoc begründen kann. (Auch H. Wolff: Ueber den Zusammenhang unserer Vorstellungen mit Dingen außer uns, L. 1874, hat sich in der Auffassung der Causalität an Kirchmann angeschlossen [a. a. O. S. 51—56], ist uns aber gleich Jenem den Beweis schuldig geblieben, wie sich eine regelmäßige Aufeinanderfolge von Dingen und Ereignissen von der ursächlichen Verknüpfung derselben durch unser Denken unterscheide.) Consequenter als alle diese mattherzigen Ausflüchte, die doch schließlich nur dem subjectiven Idealismus, einer Doctrin also, zu Gute kommen, von welcher die Vertreter der Naturwissenschaft das Heil stets umsonst erwartet haben, ist die Anerkennung, daß von der Hand des mechanischen Naturerkennens der letzte Schleier von ihrem eigenen obersten Erklärungsprincipe nicht gehoben werden kann. Wir begnügen uns vorläufig dieses Geständniß ad acta zu nehmen und versuchen auf einem andern Wege den Causalismus zum Geständniß seines Nichtwissens zu veranlassen.

3. Wir haben oben (S. 189) darauf hingewiesen, daß wir den Inhalt, den Sinn und die Bedeutung der Causalität, dasjenige, was die Dinge thun oder leiden müssen, um als Ursachen oder Wirkungen zu gelten, nicht durch aprioristische Construction, sondern nur durch Erfahrung der thatsächlichen Geschehnisse zu erkennen vermögen. Diesen Satz haben wir jetzt durch eine wesentliche Restriction auf seine allein zulässige Tragweite zurückzuführen.

Es ist ein großer Irrthum, wenn die Empiristen glauben, man dürfe bloß von allen Zuthaten unseres Denkens absehen, um den Reingewinn der sogenannten nackten Thatsachen zu erhalten. Abgesehen davon, daß es reine, von aller subjectiven Zuthat und aller menschlichen Auffassungsreise freie Thatsachen nicht gibt und nicht geben kann (vgl. die trefflichen Bemerkungen bei Prantl: Verstehen und Beurtheilen, München 1877, S. 7 fg.), so ist es eine bekannte Thatsache, daß auf diesem Wege „entsagungsvoller Empirie", wie man sich euphemistisch auszudrücken pflegt, Causalität, Zusammenhang, Gesetzmäßigkeit des Geschehens gar nicht erkannt werden kann. Je weiter wir uns von den allgemeinen Gesichtspunkten entfernen, welche das Denken für die Vielheit der Dinge und den Wechsel der Geschehnisse festzuhalten genöthigt ist, in demselben Grade verlieren wir das Band aus den Händen, welches die Sachenwelt zusammenhält und stoßen zuletzt auf eine Masse isolirter, unverbundener, elementarer Bestandtheile, die man reine Thatsachen nennen könnte, wenn sie für das Denken überhaupt noch Interesse hätten. Der Grund liegt darin: Es ist eine Eigenthümlichkeit der sinnlichen Wahrnehmung, daß sie uns ihre Inhalte meistens in ruhiger Eigenschaftlichkeit vorführt und daß, wo sie uns ihre Objecte in Thätigkeit zeigt, dieselbe über Veränderungen des Ortes, der Richtung und Gestalt nicht hinausgeht. Schon Hume hat bemerkt, daß wir so etwas wie Ursache und Wirkung gar nicht wahrnehmen, aber freilich — dies gegen Hume —

nicht darum, weil dieses Verhältniß nicht wirklich unter den Gegenständen der Wahrnehmung bestände, sondern darum, weil die sinnliche Wahrnehmung nicht im Stande ist dieses Verhältniß aufzufinden. Gewiß stehen auch die Dinge der Wahrnehmung als solche in causalen Beziehungen und die Wahrnehmung selbst würde ohne solche Beziehungen nicht zu Stande kommen, allein die Wahrnehmung selbst ist ihres vorwiegend sinnlichen und gegenständlichen Charakters wegen nicht im Stande zu bestimmen, was wir unter Ursächlichkeit zu verstehen haben. Wir nehmen Dinge wahr, wie sie de facto causale Beziehungen eingehen und uns mithin zur Erzeugung des Causalbegriffes anregen, aber was es heiße causal zu seyn und welchen Sinn es habe, daß Dinge in causaler Relation stehen, das vermag endgültig nur durch gesteigerte Reflexion ausgemacht zu werden, welche die einzelnen Dinge nur als Behikel benutzt, um durch dieselben zu gewissen allgemeingültigen, von jeder besondern Beobachtung als solcher unabhängigen Erkenntnissen des Wesens der Causalität zu gelangen. Wir sehen z. B. wie eine Billardkugel eine andere fortstößt, wie Eisenfeile in die Nähe eines Magneten gebracht von diesem angezogen wird, wie das Niveau des Wassers in einem Gefäße steigt, wenn ich einen Gegenstand hineintauche, und wie endlich alle diese Vorgänge der Zeit nach auf einander folgen; allein daß dieselben Ergebnisse causaler Beziehungen der genannten Gegenstände seyen, wird nicht ebenso unmittelbar wahrgenommen, sondern auf Grund und Veranlassung der Wahrnehmung hin durch denkende Reflexion ausgemacht. Es kann ja sogar öfters der Fall eintreten, daß uns lediglich eine Wirkung gegeben ist, zu welcher die Ursache gesucht werden muß, wie wenn ich z. B. nur durch Erwägungen mancherlei Art dahinter komme, daß die zersplitterte Scheibe durch den Steinwurf eines boshaften Knaben zerstört worden ist, wiewohl sich das Subject dieser Handlung meiner Wahrnehmung nicht dargeboten hat. Ja es kann sogar der für einen eingefleischten Empiriker höchst sonderbare Fall eintreten, daß ich an der Hand von allerdings auf sachlichen Anregungen beruhenden Reflexionen mancherlei Art die Nothwendigkeit der Existenz irgend einer Thatsache behaupten muß, ohne welche gegebene Wirkungen absolut unerklärbar seyn würden. Jede Hypothese auf jedem Gebiete des menschlichen Wissens ist von der Ueberzeugung geleitet, daß es dem Denken gelingen müsse, allerdings nicht ohne die Mittel der Wahrnehmung, aber auch nicht durch diese allein, durch selbstständige Arbeit Erklärungsgründe aufzufinden, welche sich entweder als Thatsachen oder als allgemeine Gesetze für Thatsachen an das gegebene Daseyn und Geschehen innerlich anschließen. Dieser Art ist z. B. jede gute philologische Conjectur, welche nicht bloß den gestörten Sinn und Zusammenhang des Textes wieder herzustellen, sondern es auch einleuchtend zu machen hat, wie die Corruption (Interpolation, Glosse, Lücke, Wortverderbniß u. s. f.) entstehen konnte. Ohne Zweifel wird das Denken bei diesen Bemühungen, die causalen Verbände aufzufinden, in einer besonders förderlichen Weise von der innern Wahrnehmung unterstützt, indem wir causale Beziehungen im Bereiche unseres geistigen Subjectes selber erleben. Indem z. B. auf die Entschlüsse des Willens hin in unabänderlicher Gesetzmäßigkeit die Bewegung der Muskeln erfolgt, indem ich durch Anwendung der Muskeln irgend eine Last zu heben, einen Widerstand zu überwinden, einen Stoß zu paralysiren, einen Druck auszuhalten vermag, so erlebe ich in mir und an mir alle Elemente, aus welchen der Causalitätsgedanke sich aufbaut. Erst nachdem ich den Sinn und den Inhalt der ursächlichen Beziehungen in mir selbst, freilich nicht absolut aus mir selbst erfahren habe, vermag ich auch die Dinge und Geschehnisse außer mir unter diesem Gesichtspunkte zu betrachten und zu behandeln. Auf diese innere Selbsterfahrung gestützt, schreibe ich dem Magneten die Anziehung der Eisenfeile, dem in das Wasser getauchten Gegenstande die Hebung des Niveaus, beides als solche Thätigkeiten zu, die nicht zufällig an die Dinge herantreten oder ohne innere Nothwendigkeit aus ihnen hervorgehen, sondern welche, analog dem Willensentschlusse und seinen unabänderlich erfolgenden Effecte, in der innern Natur und Beschaffenheit der Dinge selbst ihren Grund haben und nur eine besondere Bethätigung dieser innern Angelegtheit in einem einzelnen Falle bedeuten. Indessen wäre es doch eine Täuschung, wenn man glaubte in dieser innern Selbsterfahrung als solcher tiefere Aufschlüsse über das Wesen der Causalität selbst zu besitzen, als in der Beobachtung der Zustände und Veränderungen der Dinge, oder wenn man etwa gar in die geheime Werkstätte eingedrungen zu seyn glaubte, in welcher die Natur jenes innere Band wirkt, welches in unsichtbarer Wirksamkeit alle Dinge verkettet. Denn auch den innern seelischen Veränderungen und Geschehnissen stehen wir mit unserm Bewußtseyn nicht anders gegenüber als den Dingen der sogenannten „Außenwelt", und es ist eine grobe Illusion, daß man sein Ich ohne Vermittlung von Vorstellungen und bewußten Reflexionen durch unmittelbare Anschauung betrachten könne (vgl. die treffende Abfertigung dieser noch keineswegs ausgestorbenen Ansicht bei v. Hartmann: Kritische Grundlegung des transscendentalen Realismus, B. 1875, S. 87 fg.). Außerdem legen uns diese innern Erfahrungen die Versuchung nahe, die Art der Wirksamkeit der Dinge in unpassende Analogien mit unserm persönlichen Wollen und Handeln zu bringen. Bekanntlich hat die Menschheit dieser Versuchung so ausschweifend sich hingegeben, daß wir selbst heute, weit entfernt, alle unberechtigten anthropomorphistischen „Idole" aus der Vorstellungsweise der Dinge zu verbannen, deren täglich unter unsern Augen entstehen und Anerkennung gewinnen sehen. Was uns also — von diesen Inconvenienzen abgesehen — die innere Erfahrung zur Erkenntniß des Causalverhältnisses leistet, ist einfach dieses, daß wir in den psychischen Ereignissen eine beständig fließende, durch Zusätze anderer Art weniger getrübte Quelle causaler Veränderungen besitzen, und daß es zum Theil in unserer Hand liegt, ob und wie oft wir dergleichen Veränderungen als Gegenstände der Beobachtung und experimentellen Behandlung hervorrufen wollen. Daß wir aber auf diesem Wege noch lange nicht dahin kommen, eine abschließende Einsicht in das Wesen, die

Leistungen und Grundgesetze der Causalität zu gewinnen, geht schon daraus hervor, daß wir nicht bloß die Causalität als objective Macht, sondern auch eine Art Einsicht in dieselbe voraussetzen müssen, wenn wir uns selbst als Ursache und irgend einen psychischen Act als Wirkung dieser Ursache bezeichnen, und daß weiterhin jeder unserer Entschlüsse und Willensacte von dem Bewußtseyn begleitet seyn muß, daß die beabsichtigte Wirkung (der Zweck) unfehlbar, nothwendig und jederzeit eintreten werde. Und so wird sich zuletzt auch der einseitigste Empirist zu dem Geständniß herbeilassen müssen: daß alle Erfahrung causaler Veränderungen durch eine aller Erfahrung vorausliegende (apriorische) Geltung des Causalgesetzes und alle Erkenntniß einzelner nur durch die einheitliche, allgemeine und nothwendige Geltung derselben ermöglicht wird. Worin aber jene Apriorität und diese Allgemeinheit und Nothwendigkeit der Causalität bestehe, das zu beantworten wird der Naturforscher wohl oder übel der Speculation überlassen müssen.

4. Unberührt endlich und ungelöst bleibt durch das Gesagte die Frage, worin denn eigentlich Dasjenige bestehe, was wir Causalität nennen, was wir selbst oder die Dinge thun oder leiden müssen, um die Veränderungen beider als causales Geschehen bezeichnen zu können.

„Alle andern Wissenschaften, als die Philosophie, bemerkt Hegel sehr richtig (Encyclop. d. phil. WW., 1817, §1), haben solche Gegenstände, die als unmittelbar von der Vorstellung zugegeben, daher auch im Anfange der Wissenschaft als angenommen vorausgesetzt werden, sowie auch die im weitern Fortgang für erforderlich gehaltenen Bestimmungen aus der Vorstellung aufgenommen werden." So wird denn auch, um nur diese zu nennen, von der Naturwissenschaft das Princip der Causalität als ein gegebenes und in der Sachenwelt wirksames vorausgesetzt und auf Grund dieser Voraussetzung an der empirischen Erkenntniß der Dinge gearbeitet. Auf Grund dieser Voraussetzung und im Vertrauen auf die nie versagende Gültigkeit seines Princips spricht der Naturforscher von den Dingen als Ursachen gewisser Erscheinungen, sucht er zu gegebenen Wirkungen die Ursachen oder die mit den Wirkungen zunächst und hauptsächlich verknüpften Thatsachen, an deren Existenz jene geknüpft sind, löst er einen Complex von Phänomenen in seine einzelnen Bestandtheile auf, um dafür auch die einzelnen zutreffenden Erklärungsgründe zu finden, läßt er sich umgekehrt durch die specifische Art des Auftretens gewisser Thatsachen nicht in der Aufstellung gewisser allgemeiner Gesetze beirren, welche der Gesammtheit jener Thatsachen zu Grunde liegen, versucht er endlich sich über die Realität einer bloß vermutheten causalen Verknüpfung durch das Experiment und durch fortgesetzte Beobachtung zu vergewissern. Alle diese Operationen wären sinn- und bodenlos, wenn die Causalität nicht als eine thatsächlich zu Recht bestehende Macht vorausgesetzt werden dürfte. Die Philosophie theilt mit der Empirie diesen nächsten Ausgang von dem als Thatsache Bestehenden, Gegebenen, Vorgestellten in Hegel's Sprache zu reden. Denn wo nichts ist und nichts vorausgesetzt werden kann, da hat nicht bloß die Empirie, sondern auch die Königin Philosophie ihr Recht verloren. Allein von diesem gemeinsamen Ausgangspunkte gehen doch beide, Naturwissenschaft und Philosophie, sofort nach verschiedenen, sich beständig ergänzenden, fördernden, corrigirenden Richtungen auseinander. Die Naturwissenschaft hält sich an die buntfarbige Fülle des Einzelnen, Concreten, an den Inhalt des Denkens, die Philosophie richtet ihr Augenmerk vor allem auf das Allgemeine und auf die Formen, durch welche gedacht, die Principien, durch welche erkannt wird. So begreift es sich denn auch, daß das Princip der Causalität, von der Naturwissenschaft im Einzelnen und als faktischer Denkinhalt vorausgesetzt, einer veränderten Behandlung durch die Philosophie fähig und bedürftig ist, indem dasselbe durch die Speculation auf seinen allgemeinsten Ausdruck zurückgeführt und seine Stellung und Bedeutung im Ganzen der Erkenntniß dargethan wird. Was also die Philosophie über die Causalität ausmacht, das verhält sich zu dem, was die Empirie dabei denkt, als Ergänzung, Vollendung und letzte Begründung. Wenn wir billig seyn wollen, so werden wir unsere Acten über das Causalitätsprincip erst dann für geschlossen erklären, wenn wir auf Grund der Erfahrung das Urtheil der Speculation vernommen haben und werden jede andere Behandlungsweise unserer Frage als einseitig und beschränkt von uns weisen. Sollte mithin im Verlaufe unserer Untersuchung ein über die mechanische Causalität hinübergreifendes Princip zum Vorschein kommen, so würde der Naturwissenschaft allein das Recht zuzugestehen seyn zu prüfen, ob die für Naturwissenschaft und Philosophie gemeinsamen empirischen Voraussetzungen und Thatsachen von der letztern beachtet oder vernachlässigt und schief aufgefaßt worden seyen. Dagegen kann den Vertretern der Empirie nicht gestattet seyn, über die Gültigkeit oder Ungültigkeit der auf speculativem Wege gewonnenen Schlüsse oder auch nur über die legische Berechtigung der Methode abzuurtheilen, durch welche jene Resultate gewonnen worden sind. Denn es ist eine Absurdität, daß eine Wissenschaft, welche die Wahrheit des Denkens und den Sinn der höchsten Erkenntnißprincipien selber feststellt, vor einer Instanz sich zu verantworten habe, welche Beides in dogmatischer Annahme voraussetzt.

5. Die philosophische Untersuchung wird mit einem Geständniß anheben müssen, welches den Gesichtskreis der Betrachtung auf die naturgemäße Ausdehnung einschränkt und die Gelegenheit zu einer Menge unberechtigter Fragen abschneidet. Wenn der Beweis für einen Satz darin besteht, daß man seine Begründung entweder durch einen andern als wahr anerkannten Satz oder durch ein Axiom aufzuzeigen im Stande ist: so ist die Behauptung, daß alle Dinge unter sich causal verknüpft seyen, keines Beweises fähig. Ein Beweis durch ein Axiom ist nicht möglich, weil unser Satz selber ein Axiom ist, von dessen Geltung alle Erkenntniß und alles Beweisen abhängt. Von der Erfahrung aus läßt sich ebenfalls kein Beweis gewinnen, weil die Erfahrung seine Geltung und eine gewisse Erkenntniß

seines Inhaltes bereits voraussetzt, indem wir die Dinge immer nur so erkennen, wie sie bereits in den mannigfachsten causalen Verbänden begriffen sind. Müssen wir so von dem Wege der Empirie durchaus ablenken, indem wir uns auf demselben stets nur im Kreise bewegten und die Erkenntniß der Dinge vom Causalitätsprincip und die Erkenntniß des Causalitätsprincips von der Erkenntniß der Dinge abhängig machten: so haben wir unser Glück auf dem andern Wege zu versuchen, indem wir die Causalität nach der Seite ihrer axiomatischen Geltung in Betracht ziehen und ihre durch keinen Beweis vermittelte, also evidente, Erkenntniß, unter Voraussetzung unmittelbarer Erfahrung ihrer einzelnen Erscheinungen, vollständig und ohne Widerspruch bis zu Ende zu denken versuchen.

Causalität, sagten wir oben, sey reale Beziehung der Dinge unter sich oder ein Zusammenwirken von mehreren Dingen zu einem Effecte, der an die Thätigkeit mehrerer Dinge geknüpft ist. Hierin liegt die Folgerung, daß für uns von Causalität nicht die Rede seyn könnte, wenn nur ein einzelnes absolut einfaches Ding oder eine Mehrheit unter sich unbezogener Dinge existirten. Ferner liegt es in der Natur unseres discursiven Denkens, daß wir die Causalität in ihrem faktischen, singulären Auftreten nicht uno intuitu, sondern lediglich in der Vielheit der Momente zu erfassen vermögen, welche sie constituiren. Sonach denken wir zuerst eine Mehrheit von unterschiedenen Dingen, z. B. a und b, sodann den ursächlichen Zusammenhang, der sie beide verknüpft. Wiederholt sich das Auftreten von a und b und des entsprechenden gemeinsamen Effectes öfters, so sind wir durch unser auf das Allgemeine gerichtete Denken in Stand gesetzt, den Effect oder den Zusammenhang als Grund des Effectes für sich allein festzuhalten und von den Dingen zu isoliren. Sowie nun der Mensch ohnehin geneigt ist, Resultate seiner Denkbewegung schlechthin auf die Sachenwelt zu übertragen, so zeigt sich auch hier zunächst die Geneigtheit, die Dinge a und b in ihrer Isolirtheit als das wahrhaft reale Prius zu betrachten und den Causaleffect nachfolgen zu lassen. Bei einigem Nachdenken gelangt er aber zur Einsicht, daß der Zusammenhang unmöglich von den Dingen isolirt und gegen ihre spezifische Natur so spröde sich verhaltend gedacht werden kann. Denn es ist unmöglich und ein innerer Widerspruch, daß der Zusammenhang, dasjenige, wozu a und b sich gemeinsam verknüpfen, von der spezifischen Natur von a und b wahrhaft und sachlich getrennt werden könnte. Wollte man dies annehmen, mit welchem Rechte würde dann der Zusammenhang von a und b und nicht von beliebigen andern Dingen ausgesagt? Ist es also sicher, daß dasjenige, was den Zusammenhang von a und b ausmacht, gar nicht von der spezifischen Natur von a und b getrennt werden darf, daß es nicht erlaubt ist a und b so aufzufassen, als ob sie in irgend einem Augenblicke ihrer Existenz gegen jenen Zusammenhang sich absolut spröde und abstoßend verhielten, müssen wir vielmehr das den Zusammenhang constituirende Moment als das Wichtigere, Bedeutsamere, Principalere betrachten, welches die Unterschiedenheit, dasjenige wodurch a a ist und b b, überbrückt und zu gemeinsamer Arbeit befähigt und nöthigt: so schlägt nun das Schifflein unseres Denkens plötzlich um und wir betrachten nun den Zusammenhang als dasjenige, was den Dingen als allgemeines Gesetz vorausgeht, dessen herrischem Zwange die Dinge sich fügen müssen, gleichviel ob dasselbe ihrer innersten Natur conform sey oder nicht. Aber der Grund, welcher gegen die Annahme eines schlechthinigen Hervorgehens des Zusammenhanges aus der Natur nach ihm fremden Elementen spricht, läßt auch die andere Meinung von der schlechthinigen Priorität des allgemeinen Gesetzes gegenüber den ihm unterworfenen Gliedern nicht gelten. Mögen zu der ersten Annahme mehr die Mechanisten, zu der letztern mehr die Idealisten hinneigen: in beiden Fällen haben wir lediglich eine subjective Bewegung unseres Denkens, Producte seiner abstrahirenden und discursiven Thätigkeit schlechthin mit Bewegungen und Wirkungsweisen der Dinge verwechselt. Dennoch sind nicht beide Gedankengänge gleich falsch; vielmehr enthält die Annahme des Idealismus einen richtigen Ansatz, welcher lediglich der Correctur — nicht durch den Gedanken des Mechanismus, sondern — durch dasjenige Moment bedarf, welches in beiden Ansichten vernachlässigt ist. Betrachten wir wiederum a und b als Vertreter der zum Zusammenhang bestimmten Elemente des Weltdaseyns. So oft wir und so lange wir a und b denken — und nicht bloß zu denken meinen — so oft und so lange müssen wir jedes von beiden mit einer bestimmten Anzahl von Eigenschaften, Zuständen, Thätigkeiten begabt oder behaftet denken, welche ihre spezifische Natur ausmachen und wodurch a als a, b als b gedacht werden kann. Sobald wir diese spezifischen Eigenschaften entweder gänzlich wegdenken oder bei beiden absolut dieselben Eigenschaften denken würden: so hätten wir a und b zu denken aufgehört. Denn im ersten Falle dachten wir etwas absolut Bestimmungsloses, also Undenkbares, im letzten jedenfalls nicht mehr a und b, da bei gänzlicher Aufhebung aller Unterschiede in den Dingen auch keine Unterscheidung im Denken gemacht werden kann. Denn alles subjective Unterscheiden des Denkens hat Grund und Halt nur in einem positiven Unterschiedenseyn der Dinge. Nun besitzt aber ferner kein Ding seine eigenthümlichen Merkmale und Zustände absolute aus sich und durch sich, denn dies widerspräche der Annahme der Relativität und Correlativität der Ursachen, wonach jedes Ding gedacht werden muß entweder als auf andere einwirkend oder als von andern Einwirkungen erleidend. Keine Eigenschaft und keine Beschaffenheit kommt den Dingen absolute, ohne Rücksicht auf ihre Nachbaren zu, sondern jede nur entweder inwiefern sie in den Andern etwas wirkt oder von Andern etwas erleidet. Die entgegengesetzte Annahme der Beziehungslosigkeit von Dingen oder Bestandtheilen der Dinge haben wir oben als gänzlich unstatthaft und widersprechend nachgewiesen. So oft und so lange wir die Dinge denken, müssen wir also auch den causalen Zusammenhang mitdenken, in dem und durch den sie verknüpft sind. Andererseits aber kann sich unser Denken bei keinem der gegebenen Zusammenhänge und bei keinem der dadurch bedingten Zustände der Dinge beruhigen, da keiner vor dem andern das Recht hat als der erste und ursprüngliche Anfangszustand zu gelten, aus welchem alle andern hervorgegangen sind. Und zwar ist es nicht eine unberechtigte Neugier, sondern die absolute Nothwendigkeit, welche das Denken antreibt von den gegebenen Zuständen und Zusammenhängen nach Möglichkeit auf frühere, einfachere und ursprünglichere zurückzugehen und so die Serie der Zusammenhänge wenn immer möglich ganz und vollständig abzuschließen. Da nämlich jeder folgende Zustand von einem frühern abhängig und durch denselben wenn auch nicht vollständig verursacht, so doch mitbedingt ist, so ist klar, daß ein Zustand z. B. c erst dann absolute wahrhaft erkannt ist, wenn die ganze Serie der causalen Verbände bekannt ist, als deren letztes Ergebniß c erscheint. Da alle Erkenntniß, wie schon Aristoteles gelehrt hat, Erkenntniß der Ursachen ist, so ist diese Erkenntniß unvollständig und mangelhaft, wenn die Serie der Ursachen an irgend einem Punkte, gleichviel an welchem, unterbrochen ist. Namentlich aber ist die Erkenntniß der Dinge dann eine mangelhafte und unvollkommene zu nennen, wenn die erste der Ursachen unbekannt ist, welche offenbar für die Entwicklung jedes Dinges als dieses bestimmten Weltbestandtheiles maßgebend seyn muß. Zu dieser Erkenntniß der ersten Ursache oder des ursprünglichen causalen Verbandes von Dingen, z. B. a und b, scheinen wir aber niemals gelangen zu können, weil wir, wie es scheint, lediglich die Wahl haben: entweder bei einem bestimmten gegebenen Zusammenhang von a und b stehen zu bleiben und denselben als den ersten und ursprünglichen zu betrachten, wiewohl wir für diese Bevorzugung vor den übrigen Zusammenhängen keinen andern Grund aufweisen können, als unsere Willkür, oder dann von jedem bestimmten Zusammenhang zwischen a und b abzusehen und dieselben als solche Elemente zu betrachten, die absolut einfach und beziehungslos jedem Zusammenhang zu Grunde liegen. Wir brauchen nicht mehr darauf hinzuweisen, daß die letzte Annahme, wiewohl sie von Herbart gemacht worden ist, einen Widerspruch involvirt. Fragen wir nach dem Grunde, der uns in diese

Sackgasse treibt: so ist es offenbar der Gedankengang des Mechanismus, der das Moment des Zusammenhanges oder sagen wir schlechthin die Causalität schlechterdings lediglich als Ergebniß, als Resultat der einzelnen Dinge betrachtet, mithin das Moment der Ursächlichkeit, des Hervorbringens in die Einzelheit der Dinge selbst verlegt und den faktischen Zusammenhang nur als Wirkung jener einzelnen Ursachen zu verstehen weiß. Wir haben gesehen, wie abstract und einseitig eine solche Betrachtungsweise ist und ihr gegenüber auf die Berechtigung hingewiesen, dem Moment des Zusammenhanges, der Causalität eine bedeutsamere, principalere Stellung einzuräumen. Wir gelangen auf einem andern Wege zu demselben Ergebniß.

Nehmen wir an, es fallen alle Schwierigkeiten weg, welche sich an die Vorstellungsweise des Empirismus knüpfen und es sey uns mithin gestattet bei irgend einem gegebenen Connex der Dinge als dem ursprünglichen stehen zu bleiben: so erlauben wir uns doch die Frage, auf welche Weise man aus der Singularität der einzelnen Dinge als solcher ihren Connex ableiten, oder wie man Singularität und Connex dialektisch mit einander verknüpfen wolle. Entweder nämlich wird mit der Besonderheit der Dinge voller Ernst gemacht, so zwar, daß ihnen von Natur aus keine innern Beziehungen und keine Beschaffenheiten zukommen, welche sie zu einem gemeinsamen Zusammenwirken befähigten: dann wird und kann ein sachlicher Connex unter ihnen niemals eintreten und die Causalität ist auch als Ergebniß der Dinge unmöglich. Oder die Dinge werden trotz ihrer Besonderheit als a und b als solche gedacht, die von Natur aus die Befähigung haben Verbindungen einzugehen und zu einem gemeinsamen Effecte zu cooperiren. In diesem Falle ist das den Zusammenhang begründende Moment offenbar nicht lediglich ein Ergebniß der Besonderheit der Dinge, welches zu derselben sich äußerlich und zufällig hinzugesellte, sondern eine wahre und innerliche Bestimmung der Natur der Dinge selber, von welcher wir sie niemals auch nur in Gedanken entblößen dürfen. Jenes Moment kann aber auch zweitens nicht in eines der beiden Dinge ausschließlich verlegt werden. Denn der Zusammenhang muß seinem Begriffe nach eine Relation einschließen und eine Beziehung könnte es gar nicht geben, wenn z. B. die von a ausgehende Thätigkeit an der Oberfläche von b abpraUte und nicht das Wesen von b ergriffe. Wird also die beziehende Thätigkeit von a in b nicht mit einer entsprechenden Reaction des eigenen Wesens erwiedert, so findet gar keine Beziehung von a auf b statt, sondern lediglich eine immanente Veränderung in a allein. So müssen wir denn diesen ganzen Gedankengang des Empirismus, der uns von einer Schwierigkeit in die andere wirft, aufgeben und auf dem des Idealismus unser Heil versuchen. Wir müssen aufhören den Causalismus lediglich als Ergebniß, als Wirkung der besonderu Ursächlichkeit der Dinge zu betrachten und überhaupt mit dem Causalgedanken nicht mehr innerhalb der Vielheit der unterschiedenen Dinge stehen bleiben. Wir werden also, positiv ausgedrückt, das Princip der Causalität 1) selbst als ein im wahren Sinne ursächliches, wirksames, thätiges zu fassen haben, welches Inhalt und Gestalt seines Auftretens nicht schlechthin von einer bereits vorhandenen, gegebenen Bestimmtheit der Dinge erwarten muß, sondern welches umgekehrt, den einzelnen concreten Dingen in einer gewissen Selbstständigkeit und normativen Gültigkeit gegenübersteht; und wir dürfen 2) sein Wesen und seinen Gehalt nicht mehr schlechthin a parte post in der Vielheit seiner einzelnen Erscheinungen in den Dingen aufsuchen oder nachträglich aus der Summe dieser einzelnen Erscheinungen zusammensetzen, sondern müssen es von der Seite seiner Einheitlichkeit aus, a parte ante zu fassen suchen, durch welche es allein das den Zusammenhang der vielen Dinge wahrhaft und endgültig begründende Princip seyn kann. Dadurch gewinnen wir unserm Problem eine durchaus neue Seite ab, indem wir sowohl die Ansicht des Mechanismus überwinden, welcher die Causalität kritiklos den Einzeldingen nachfolgen oder auch aus ihnen schlechthin erfolgen läßt, also

Die Teleologie als Weltanschauung.

auch die des Idealismus, der den abstracten Causalitätsgedanken den Einzeldingen schlechthin vorausgehen läßt. Wir versuchen dieser Erwartung durch folgende Reflexionen gerecht zu werden.

6. Der Hauptsatz des Mechanismus lautet: „Wenn eine Anzahl von Elementen mit constanten, regelmäßig wirkenden Kräften gesetzt wird, so müssen die daraus hervorgehenden Produkte diesen Elementen und deren Kräften entsprechen, denn sie sind nur das Resultat ihrer combinirten Wirkungen" (J. H. v. Kirchmann bei Lasson: Ueber Zwecke im Universum, B. 1876, S. 45). Bei diesem Satze kann das menschliche Denken unmöglich sich beruhigen. Zunächst die Elemente mit regelmäßigen constanten Kräften! Woher diese? Unnütze Frage, es ist ein axiomatischer Satz, der keiner Rechtfertigung bedarf. Sehr gut; aber vermuthlich haben die Axiome doch nicht das Recht unvernünftig zu seyn, sondern werden wie die andern Sätze des menschlichen Denkens einen vernünftigen Sinn haben müssen, bei dem sich etwas denken läßt, um so mehr, da sie die Quelle aller Vernunft und aller Erkenntniß seyn sollen. Also noch einmal: Woher diese? Sie haben kein Princip, antwortet der Mechanist, sie sind ewig und anfangslos das, was sie sind, schlechthin ohne Anfang und Ende. Aber warum zeigt denn keines dieser Elemente eine dieser Dignität entsprechende unendliche, sondern stets nur eine endliche, beschränkte und begrenzte Anzahl von Wirkungen? Ja, wir erkennen in jedem Augenblicke nur eine beschränkte Anzahl von Effecten, aber der Geist, der das Leben der Elemente in ihrem Totaldaseyn mitzuleben vermöchte, würde eo ipso eine unendliche Anzahl von Wirkungen erkennen. Vortrefflich, mein Werther, aber ich verlangte nicht deine Behauptung wiederholt, sondern bewiesen zu sehen. Wie ist es möglich, daß irgend ein Element in irgend einem Augenblicke seines Daseyns lediglich eine beschränkte Zahl von Effecten, Eigenschaften, Zuständen aufweist, ja daß diese Beschränkung und Begränzung die conditio sine qua non seiner Bestimmtheit bildet, wenn es doch eine grenzenlose Zahl von Effecten und Zuständen vor sich und eine eben-

solche hinter sich hat und haben wird? Warum ferner besteht eine Hauptaufgabe aller Wissenschaft, der der Natur wie der des Geistes, darin, von den complicirten Zuständen zu den minder verwickelten Bedingungen zurückzugehen, wenn niemals zu hoffen ist, daß man auf den wahren Anfangszustand der Dinge gelange, wenn vor jedem erreichten Zustande endlose andere ebenso complicirte und verwickelte sich aufthürmen. Eine merkwürdige Neigung der Wissenschaft in der That, von Grundformen und Grundgesetzen des seelischen Lebens, von morphologischen Urbestandtheilen des Organismus, von möglichst einfachen Atomen oder Molecülen zu träumen, von qualitativ einartigen chemischen Elementen zu faseln, da in allen diesen Grundformen eine unausdenkbare und unentwirrbare Unsumme von Bestimmungen steckt, welche die Elemente mit constanten regelmäßig wirkenden Kräften von Ewigkeit her sich angeeignet haben. Aber vielleicht thun wir dem Mechanikus Unrecht. Die Elemente werden ihre Existenz der Nothwendigkeit zu verdanken haben. Eine sehr löcherige Auskunft und bettelhaft arm an Ausbeute. Wenn man mir sagt: hier sind a und b mit constanten und regelmäßigen Kräften; wenn diese und diese Bedingungen eintreten, so verstehe ich allenfalls, wie nothwendig diese und diese Wirkung eintreten wird. Wenn man mir aber sagt: a und b sind a und b, weil sie nothwendig a und b seyn müssen, so verstehe ich das nicht mehr und vermuthlich der Andere auch nicht. Denn wenn ich die Nothwendigkeit der Existenz im Begriffe der Existenz mitdenke — und das muß ich doch wohl, da ein Seyn nicht nothwendig ist, wenn es auch als nichtnothwendig gedacht werden kann — so muß dieses Seyende freilich nothwendig nothwendig seyn. Aber eben ob ich das könne und dürfe, das ist die Frage. Was in aller Welt nöthigt mich denn die Nothwendigkeit der Elemente anzunehmen. Eben die Nothwendigkeit derselben. Aber wir vergessen, daß wir die Behauptung zu beweisen und nicht zu wiederholen haben. Oder sind die Elemente etwa nothwendig, damit constante regelmäßige Wirkungen und so ein einheitliches gesetz-

Die Teleologie als Weltanschauung.

mäßiges Weltganzes entstehe? Das ließe sich hören, paßt aber nicht im Munde des Mechanisten, der das „damit" aus seinem Lexikon gründlich verbannt hat. Und so bleiben wir denn schließlich bei dem Zufall, der so vieles verschuldet, was wir nicht zu erklären vermögen. Ein Trost wird uns durch die Zufallstheorie jedenfalls geboten. Sind alle jene Weltelemente zufällig, so wird es wohl auch die Zufallstheorie selber seyn und wir können der frohen Hoffnung leben, sie werde zufällig einmal ihren Irrthum einsehen und von ohngefähr auf den rechten Weg zurücklenken.

Lassen wir also die Frage nach dem Woher der ursprünglichen Elemente, auf welche der Empirismus keine auch nur annähernd befriedigende Antwort zu geben vermag, auf sich beruhen und prüfen wir weiter, ob unter der Voraussetzung des Mechanismus vernünftiger Weise der Zusammenhang und das Zusammenwirken der Elemente zu einem **geordneten Weltganzen** gedacht werden könne.

Wie wir früher gesehen, können die einzelnen Elemente niemals ohne irgend einen Zusammenhang unter einander gedacht werden, und da der Zusammenhang seinerseits niemals als bloßes Ergebniß der Einzelthätigkeit der Elemente gefaßt werden kann, so werden wir die Dinge selbst so ansehen müssen, daß der Gedanke des Zusammenhangs in ihnen als das Bestimmende, Maßgebende erscheint, welches die spezifische Natur und Beschaffenheit derselben in seinen Dienst nimmt oder vielmehr, welches jene spezifische Natur so angeordnet hat, daß die entsprechenden Efferte aus ihrer Bethätigung mit Nothwendigkeit hervorgehen. Man pflegt sich zwar von Seiten der Empirie sehr häufig so auszudrücken, als ob es **bloß** der Annahme von ursprünglichen Elementen mit constant wirkenden Kräften bedürfte, um daraus den Zusammenhang, die Ordnung, den gesetzmäßigen Bestand, kurz alles, was an Vernunft in der Natur ist, hervorgehen zu sehen. Die so sprechen, verrathen sehr wenig Einsicht in die Schwierigkeit des Problems, das sie uns so gerne als gelöst hinstellen möchten. Sehen wir darum etwas näher zu.

Ein einzelnes Element a kann niemals als schlechthin einzelnes gedacht, seine spezifische Natur kann niemals, in keinem ihrer Bestandtheile αβγ von der Bestimmung abgelöst werden, mit b und dessen Bestandtheilen δεζ in Connex zu treten. Das Gleiche gilt von b mit seinen Bestandtheilen δεζ. Offenbar kann also der Zusammenhang, die Ordnung u. s. w. unmöglich lediglich aus dem Zusammenwirken von a und b erfolgen, es sey denn, daß wir die Bestimmung beider, einen solchen Zusammenhang herzustellen, bereits als wesentliches Moment in dem Begriffe von a und von b mitdenken. Denn im entgegengesetzten Falle würden wir aus einer schlechthinigen Vielheit Einheit, aus Beziehungslosem Beziehung, aus Unzusammenhang Zusammenhang hervorgehen lassen. Ist aber der Zusammenhang irgendwie als integrirendes Moment in dem Gedanken von a wie von b zu betrachten, so fragt es sich weiter, ob man diesen Gedanken causaler Verknüpfung wirklich und wahrhaft und zu Ende zu denken vermöge, wenn man überhaupt bei der Vielheit gegebener Elemente stehen bleibt. Und zwar bleibt diese Frage so lange bestehen, als man überhaupt eine Mehrheit von Dingen denkt, wenn man sie nur überhaupt noch als bestimmte, qualificirte Dinge und nicht als absolut einfache Monaden denkt, die freilich nach dem Zusammenhange nichts mehr zu fragen haben, dafür aber auch überhaupt kein Gegenstand des Denkens mehr seyn können. Wird aber überhaupt ein Zusammenhang gedacht, so wird derselbe wohl seinen genügenden Grund haben müssen. Worin liegt nun derselbe? In a? Unmöglich. Denn das Moment der Causalität muß auf beide causal zu verknüpfenden Momente Rücksicht nehmen; dies verlangt schon der Gedanke der relativen Causalität, die keine schlechthinige Passivität und mithin auch keine schlechthinige Activität der Elemente kennt. In b? Unmöglich aus demselben Grunde. Außerdem aber wäre es ein Wunder und zwar ein höchst sonderbares und unbegreifliches Wunder, daß aus einzelnen Elementen als solchen, welche nichts von ihrer eigenen Natur, nichts von der Natur der andern Elemente, nichts endlich von dem Gesammtzusammenhange wissen, der durch sie hergestellt werden soll, daß, sage ich, einzelne Elemente als solche sich trotzdem so verhalten, als ob jedes von ihnen den klaren und bestimmten Gedanken von den Leistungen hätte, die ihm der Conner des großen Ganzen aufgetragen hat und jeden Augenblick auf's Neue aufträgt. Es gibt zwar solche und sogar Philosophen, welche wenigstens die „abstracte Möglichkeit" nicht leugnen wollen, daß „die Bildung der Welt auf dem Wege einer zufälligen Combination von Atomen erfolgt sey" (Flügel: Probleme der Philosophie, 1876, S. 158). Aber auch wenn wir statt „zufällig" „nothwendig" setzen, scheinen wir nur mit Verleugnung aller Vernunft und aller für unser Denken geltenden Gesetze bei der Caufalität der einzelnen Elemente stehen bleiben zu können. Ist dieser Zusammenhang in der That durch keines der einzelnen Elemente genügend begründet, selbst wenn wir es mit den constanten Kräften ausstatten (denn die Constanz der Kräfte ist in und mit und durch den intendirten Zusammenhang gesetzt, also die Ableitung des Zusammenhangs aus jener Constanz ein idem per idem), ist es ferner unmöglich, weil unserm grundsuchenden Denken schlechthin widersprechend, daß aus Elementen, die nicht denken und die in ihrer Vereinzelung und an der Peripherie des Weltganzen gelagert nichts von dem Zusammenhange des Ganzen wissen, also auch sich selbst nicht so einrichten können, als ob sie jenen Zusammenhang herzustellen hätten, daß aus ihnen Ordnung, Gedanke, Gesetz, Zusammenhang hervorgehen kann, kann weder die Annahme der Anfangslosigkeit, noch der Nothwendigkeit der Elemente uns einen vernünftigen Aufschluß über das Wesen und die Herstellung jenes Zusammenhanges gewähren, ist es endlich eine leere Tautologie die Bildung des Weltzusammenhanges auf die Constanz der Wirksamkeit der ursprünglichen Elemente zurückzuführen, da dieselbe erst durch das Moment des Zusammenhanges Seyn und Bedeutung erhält, indem constante Kräfte nichts Vernünftiges und Ordnungsgemäßes wirken könnten, wenn der Gesammtzusammenhang nicht eine gegenseitige Beziehung, Rüsichtnahme und einträchtiges Zusammenwirken herstellte: nehmen wir Alles dieses zusammen, so müßten wir uns absichtlich aller logischen Consequenz und dem nothwendigen Drängen der natürlichen Dialektik verschließen, wenn wir nicht anerkennen wollten, daß der letzte Grund aller empirischen Caufalität und mithin die dialektische Vollendung unseres Gedankens vom Weltzusammenhang in einer einheitlichen, von dem vieltheilichen Daseyn unabhängigen, universell gültigen Vernunft gelegen ist und darin allein gelegen seyn kann. Die Priorität der Einheit vor der Vielheit, die Souverainetät des Gedankens über den Mechanismus der Materie, die Begründung der Empirie durch eine höchste Vernunft die nicht Product, sondern Producent, nicht passives Ergebniß, sondern active Ursache ist: das ist die erste Station, zu welcher wir von der empirischen Caufalität aus in stricter Folgerichtigkeit gelangt sind.

Anmerkung von H. Ulrici zu S. 191f. Der Hr. Verf. beachtet bei seinem obigen Einwand gegen meinen Lösungsversuch des in Rede stehenden Problems nicht, daß mir die „Prädicationen" eines Dinges Unterschiede (Bestimmtheiten) sind, die als solche nicht erst aus der zwischen den Dingen waltenden Causalität hervorgehen, aber auch nicht von Ewigkeit her bestehen, sondern ursprünglich mit der Schöpfung der Dinge gesetzt sind, und daß also die „Prädicationen" nicht erst durch die Verhältnisse der Dinge zu einander, sondern die Verhältnisse derselben (insbesondre das Causalitätsverhältniß) zugleich mit ihren Prädicationen gesetzt und bestimmt sind. Auch hätte er berücksichtigen sollen, daß nach meiner durchaus teleologischen Weltanschauung sowohl die Beschaffenheit der Dinge und damit ihre Verhältnisse und Prädicationen wie insbesondre die zwischen ihnen waltende Causalität eine zweckmäßig bestimmte ist, daß also seine Einwände gegen die naturalistisch-mechanistische Causalität mich nicht treffen. —

Zeitschrift
für
Philosophie und philosophische Kritik,

im Vereine mit mehreren Gelehrten

gegründet

von

Dr. J. H. Fichte,

redigirt

unter Mitwirkung der Professoren der Philosophie an der Universität Halle

Dr. August Krohn und Dr. Günther Thiele

von

Dr. Hermann Ulrici,

Professor der Philosophie an der Universität Halle, Ehrendoctor der Theologie, auswärt. Mitglied der Accademia di scienze e lettere zu Palermo, der Accademia dei Lincei zu Rom und der kön. Böhmischen Gesellschaft der Wissenschaften zu Prag, Ehrenpräsident der deutschen Shakespeare-Gesellschaft, Ehrenmitglied der Société scientifique d'études psychologiques de Paris.

Neue Folge.

Einundachtzigster Band.

Halle,
C. E. M. Pfeffer.
1882.

Die Teleologie als Weltanschauung.
Von
Dr. Johannes Kreyenbühl.

Zweiter Artikel.

War nun aber auch unsere bisherige Untersuchung formell tadellos, so scheint sich doch inhaltlich gegen dieselbe das Bedenken zu richten, daß wir, darin den Irrthum des Idealismus theilend, den Zusammenhang oder die den Zusammenhang herstellende Causalität als allgemeines Gesetz den Dingen voraufgehen lassen, eine Auffassung, gegen welche wir uns oben (im 1sten Art.) ausdrücklich verwahrt haben. Wir werden also durch eine weitere Bestimmung jener höchsten einheitlichen Vernunft dieses Bedenken zu entkräften haben.

7. Die empirische Causalität als solche, namentlich aber die Unmöglichkeit den Gedanken des Zusammenhanges lediglich mit Hülfe der einzelnen gegebenen Elemente zu Ende zu denken, da auf diesem Wege überhaupt an gar kein Ende zu kommen ist, hat uns veranlaßt den Kreis der Empirie, wie ihn der Naturforscher umgrenzt hat, zu erweitern und in ein ideales Princip ausmünden zu lassen. Wir würden mithin Nichts gewonnen haben, wenn wir dieses ideale Princip schlechthin in derjenigen Form und unter denjenigen Bestimmungen denken wollten, in welcher wir die empirische Causalität als solche gedacht haben. Abgesehen davon, daß wir mit unserm Denken auf demselben Flecke stecken blieben, so würde die Causalität, die uns in ihren einzelnen Erscheinungen und Beispielen wenigstens bis zu einem gewissen Punkte verständlich bleibt, allen Sinn und allen Gehalt verlieren, wenn wir sie von den Dingen ablösen und als allgemeine abstracte Macht vor die Dinge hinpflanzen wollten. Müssen wir nun aber doch andererseits festhalten, daß so etwas wie Zusammenhang, Ordnung, Gesetz, Gedanke, Vernunft als

aprioriſche Macht der empiriſchen Cauſalität vorauszubenken iſt, ſo werden wir die richtigen und haltbaren Beſtimmungen jener höchſten Vernunft dadurch zu gewinnen ſuchen, daß wir den Gedanken der empiriſchen Cauſalität ſo lange umformen, bis die Triftigkeit jenes Einwandes erloſchen iſt, ohne daß das weſentliche Reſultat unſerer Beweisführung angetaſtet würde.

Zunächſt bedarf die Beſtimmung der höchſten Vernunft als Gedanke einer näheren Deutung. So viel wir wiſſen gibt es Gedanken nur als Acte oder Producte denkender Weſen. Weder laufen alſo die Gedanken wild im Freien herum oder ſchweben irgendwo zwiſchen Himmel und Erde, noch ſpielen ſie auch dem Subjecte gegenüber eine ſo auffallend ſelbſtſtändige Rolle, wie ſie Herbart ſeinen Vorſtellungen angewieſen hat. Der Gedanke erſcheint weſentlich als That und Effect des denkenden Geiſtes und hat ohne und außer dieſem keinen Sinn und keinen Halt. Es iſt freilich heut zu Tage, ſeit der irrigen Hypoſtaſirung der Begriffswelt durch Hegel, Mode geworden, die Gedanken zu verſelbſtſtändigen und in dieſer Selbſtſtändigkeit zu denkenden und wollenden Weſen zu potenziren. Dieſer Widerſpruch wird vollſtändig unerträglich, wenn nun die letzte Beſtimmung, durch welche ein Gedanke überhaupt verſtändlich wird, die des Bewußtſeyns nämlich, der hypoſtaſirten Idee abgeſprochen und ſo das Nonens einer unbewußten Intelligenz und eines bewußtloſen Wollens an die Spitze der geſetzmäßigen, von Ordnung und Harmonie durchdrungenen Natur und der in Bewußtſeyn denkenden und in beſtimmten zweckſetzenden Entſchlüſſen wollenden Geiſteswelt geſetzt wird. In dieſer Idee des „Unbewußten" iſt alles wieder aufgegeben, weswegen wie von den ungenügenden Aufſtellungen der mechaniſchen Weltanſchauung zur Idee einer idealen, vernünftigen, intelligenten Macht aufzuſteigen für nöthig fanden. In der That iſt jenes „Unbewußte" der mechaniſchen Cauſalität, der lediglich als Effect gefaßten Ordnung, der bloß von den Einzeldingen abſtrahirten Geſetzmäßigkeit viel zu verwandt, als daß wir ſeinen Vertretern den Vorwurf erſparen könnten, ſie haben bloß eine Abſtraction, in das von Hegel überkommene Lichtgewand des Begriffes oder vornehmer gesprochen der Idee gehüllt, dem empirischen Daseyn vorangestellt. Wenn irgend eines der metaphysischen Systeme, so trifft also dieses der von H. Siebeck (ob mit Recht oder Unrecht sey dahingestellt) gegen alle erhobene Vorwurf: „Sie alle nehmen, um das Erscheinende aus einem metaphysischen „Princip" begreiflich zu machen, eine Seite oder ein Verhältniß der Wirklichkeit [in unserm Falle die causale Gesetzmäßigkeit und wirkende Kraft], und stellen dieses, welches sie aus der concreten Erscheinungsweise in eine mehr oder weniger abstracte Fassung [Hegel'sche Idee und Schopenhauer'scher Wille] zu bringen wissen, als dasjenige hin, welches allen übrigen Verhältnissen der Erfahrung zu Grunde liegt; sie construiren den metaphysischen Hintergrund der Erfahrung, indem sie in Wahrheit ein Stück Wirklichkeit copiren" (Vierteljahrschrift für wiss. Philof. 1878 1. Heft S. 3).

Diesen Verirrungen gegenüber machen wir mit der Substanz des vernünftigen Gedankens Ernst, indem wir seinen tiefsten Grund, den vernünftigen Geist, die Realität der selbstständigen Vernunft als letzten Grund und Quell alles dessen betrachten, was unserm Geiste in der Natur als Vernunft, Gesetz, Ordnung und Gedanke entgegentritt. Das ist der zweite Ruhepunkt, zu dem wir oben den Leser zu führen versprochen haben.

8. Ist es aber in der That ein Ruhepunkt, auf dem wir zur Umschau über das Gewonnene und zum Genusse der unter uns sich ausbreitenden Aussicht uns niederlassen dürfen, oder ist es nur ein kurzer Augenblick der Rast, in dem wir zum beschwerlichen Weiterwege unsere Kräfte sammeln? Wird man nicht auch gegen uns den Vorwurf erheben, wir construiren den metaphysischen Hintergrund der Erfahrung, indem wir in Wahrheit lediglich ein Stück Wirklichkeit, von uns „Geist" genannt, copiren. In der That scheint auch der Begriff des Geistes bedeutender Correcturen zu bedürfen, ehe sein wesentlicher Inhalt als Princip des vernünftigen Daseyns zu fungiren im Stande ist.

Aber auf welchem Wege sollen wir zur Correctur jenes Begriffes gelangen; nach welchem Musterbilde sollen wir die Züge jenes Principes entwerfen, da uns, wie es scheint, in unserm empirischen Begriffe vom Geiste nur rohes und unzulängliches Material geboten ist? Sollen wir die Anselm'sche Idee eines allervollkommensten Wesens entwerfen, dessen Begriff die Realität als eine Vollkommenheit in sich schließt? Allein das bloße Gedachtwerden eines Begriffes kann uns seiner Realität nicht versichern und zum Gedachtwerdenmüssen fehlt es bei Anselm an allen Prämissen, insbesondere am Ausgangspunkt des cogito ergo sum, in dem allein ein ursprünglicher, unmittelbarer und nothwendiger Uebergang zur Wirklichkeit garantirt ist. Oder sollen wir in neuplatonischer Mystik den gegebenen empirischen Tand in Stücke schlagen, um auf seinen Trümmern den Tempel des ὑπερούσιον ὄν sich erheben zu lassen? Aber wir können nichts, gar nichts auf eine Speculation geben, welche den besten Gehalt unseres Denkens, Vernunft, Gesetz, Ordnung und Reichthum der Erfahrungswelt in ihrem Geiste auswischt und an seine Stelle das Phantasma eines überreizten Gemüthes setzt, das uns seinen geheimnißvollen Sinn lediglich durch den erschreckenden Mangel aller rationalen Bestimmungen ankündet. So bleibt uns nur Ein Ausweg übrig, auf dem wir aber auch sicher jenes geistigen Principes uns bemächtigen, das die Philosophie als das wahre agens movens aller vernünftigen und gesetzlichen Entwicklung zu betrachten hat.

Ohne Zweifel hat das empirische Daseyn Wahrheit, d. h. zunächst nicht bloß reale Existenz, sondern Uebereinstimmung mit unserm Denkvermögen, es ist gesetzmäßig und vernünftig, daher erkennbar. Daher sind denn auch unsere Begriffe keineswegs bloß subjective Denkformen, sondern Gedanken über Seyendes, seine Beziehungen und Verhältnisse. Woher nun aber die Erscheinung, daß alle unsere höchsten und allgemeinsten Gedanken über das Seyende bei einem gewissen Punkte versagen, daß das Denken in sich zusammenbricht, ehe es die Kette der Reflexionen zu einem in sich geschlossenen und einheitlichen Ganzen verarbeitet hat. Es kann nicht bloß der Mangel eines untergeordneten Gliedes seyn, der diese Thatsache begründet. Tausende von Thatsachen und ihrer Verkettungen sind und bleiben uns unbekannt und doch kann weder ihre Kenntniß unsere Einsicht in das Wesen der Causalität auch nur um ein Haarbreit fördern, noch der Mangel dieser Kenntniß unsere Einsicht in das letztere um ein Haarbreit schädigen. Jene Kenntnißnahme von Thatsachen und gar die Erkenntniß derselben ist eben selbst vielmehr durch eine vorangehende evidente Einsicht in das Wesen der Causalität möglich, die durch die Mannigfaltigkeit ihrer einzelnen Beispiele nicht vermittelt seyn kann. Auf keinen Fall also könnte das Fehlen untergeordneter Glieder die Unmöglichkeit herbeiführen, irgend einen höchsten Begriff zu Ende zu denken oder gar unser Denken in Widersprüche verwickeln, welche alle seine auf Empirie aufgebauten Reflexionen zu vergiften im Stande sind. Die Thatsächlichkeit solcher Widersprüche haben wir aber im ersten Artikel, wie ich hoffe, bündig genug entwickelt, um an dieser Stelle einfach zu der Folgerung zu schreiten, daß ein ganz bedeutsames, den empirischen Thatsachen nicht coordinirtes, für unsere Erkenntniß entscheidendes Glied fehlen müsse, wenn die höchsten Begriffe von bloß empirischen Prämissen aus nicht bloß nicht zu Ende gedacht werden können, sondern geradezu widersprechend und denkunmöglich werden. Um jenes entscheidende Glied in unserer Erkenntniß zu gewinnen, haben wir durchaus kein anderes Mittel als die Thatsachen der Empirie, und keine Theorie kann uns genügen, welche das Gegebene überfliegt und vernachlässigt. Aber in aller Empirie stoßen wir letztinstanzlich auf unlösbare Widersprüche, und kein Räsonnement kann uns befriedigen, wenn wir ein bloß Empirisches zum Range jenes übergeordneten Princips erheben. So bleibt für unser Denken als $\pi\rho\acute{o}\tau\epsilon\rho o\nu\ \pi\rho\grave{o}\varsigma\ \mathring{\eta}\mu\tilde{\alpha}\varsigma$ die einzige Auskunft übrig: daß wir die Wahrheit des Empirischen und der auf dessen Grund gebildeten Begriffe festhalten und von denjenigen Zuthaten befreien, welche wesentlich die Unmöglichkeit begründen, jene Thatsachen und diese Begriffe in sich selbst einheitlich durchzudenken und mit den übrigen Erkenntnissen zu einem zusammenstimmenden Ganzen zu verknüpfen. Versuchen wir dieses Verfahren auf den Begriff des Geistes anzuwenden, den wir oben als letztes Princip aller empirischen Causalität aufgezeigt haben.

9. Die Möglichkeit aller Erkenntniß beruht darauf, daß der Geist im Bewußtseyn sich von dem schlechthin Gegebenen losringt, sich als selbstständiges denkendes Wesen allem bloß sachlichen Daseyn gegenüberstellt und sich ein zusammenhängendes System von Erkenntnißformen schafft, durch welches er die Dingwelt in ihrem Seyn und Zusammenhang zu erfassen vermag, ohne daß doch die Dinge selbst in das Bewußtseyn hereingezogen würden oder die Bewegungen des denkenden Subjectes mit den Bewegungen und Veränderungen der Dinge schlechthin parallel liefen. Wir können diese Fähigkeit, dem Sachlichen, Realen gegenüber ein Reich des Dialektischen und Bewußtseynsimmanenten zu gründen, die **Abstractionsfähigkeit des Geistes** nennen. Auf diesem Vermögen beruht die Eigenthümlichkeit und der selbstständige Werth der Erkenntniß als einer That des eigenen Ich; ihr verdanken eine Menge von dialektischen Veranstaltungen und logischen Wendungen das Daseyn, auf ihr beruht aber die Gefahr eigene Erfindungen des Denkens für Bestandtheile der Sachenwelt selber zu halten und in geradezu irrigen Reflexionen von dem Boden des Gegebenen in ungehöriger Weise zu entfernen, d. h. das Abstractionsvermögen ist ein zweischneidiges Schwert, das unter Umständen sich gegen seinen Besitzer wendet. Ein einziges aber frappantes Beispiel wird dies beweisen. Niemand zweifelt, daß die Unterscheidung der Dinge eine wichtige und nothwendige Function unseres Denkens ist. Alles Unterscheiden ist aber ursprünglich eine positive Thätigkeit, Auffassung positiver Bestimmtheiten der Dinge. Im Fortgange unserer Erkenntniß sind wir aber im Stande von den einzelnen positiven Unterschieden oder Bestimmtheiten der Dinge abzusehen und auf die Thätigkeit des Unterscheidens selber unser Augenmerk zu richten. In demselben

Grabe aber verlieren die Denkformen, durch welche unterschieden wird, an sachlichem Inhalt und erreichen die Höhe ihrer Abstractheit in der Negation, welche lediglich das subjective Verfahren des Denkens bezeichnet, von positiven Unterschieden nach Möglichkeit abzusehen und dieselben lediglich durch eine Formel der subjectiven Dialektik zu bezeichnen. Aber weit entfernt, daß nun das Denken sich auf den Ursprung dieser subjectiven Formel besänne und ihre Geltung auf die einer rein dialektischen Operation einschränkte, deren sachliche Berechtigung unabhängig von ihr festgestellt werden muß (ich kann nicht negiren, außer was sich sachlich ausschließt), so geht dasselbe noch einen Schritt weiter, indem es das Nicht verselbstständigt, hypostasirt und als ein eigenes Gebiet des Daseyns dem der Realität an die Seite stellt. Wir treiben keinen Spaß, wenn wir sagen, das Nichts habe in der Geschichte des menschlichen Denkens keine kleinere Rolle gespielt, als das Seyende, sey es nun, daß man im mißverstandenen Sinne davon als von einem Seyenden Gebrauch machte, wie die theologischen Kosmogonien und die Atomistik, sey es, daß man sich genöthigt sah, das Denken von dem Widerspruche des denkbaren Nichts, also der Aufhebung seiner eigenen Bedingungen, zu befreien und auf das positive Seyn als Grundlage alles Denkens zurückzuführen, wie Parmenides (vgl. Ritter-Preller, hist. phil. p. 89 ed. 4) und Melissus (l. c. p. 101), besonders aber Platon, der unter den Alten der Erkenntniß der wahren Bedeutung der Negation am nächsten kam (im Sophistes). Ist man doch endlich erst in neuester Zeit dazu gelangt den noch immer spukenden Unbegriff der Vernichtung durch das Princip der Erhaltung der Kraft zu verdrängen. Constatiren wir also noch einmal den Widerspruch, daß die Erkenntniß sich nur vermöge der Abstractionsfähigkeit vollziehen kann und daß doch andererseits dieses Vermögen dazu führt, das Denken in einer für die Erkenntniß verderblichen Weise von der Sachenwelt unabhängig zu machen und sogar zur Setzung des Nichts, d. h. zu einem offenbaren Unsinn zu veranlassen. Unmöglich kann also das endliche Denken, wie es sich in der Abstraction kundgibt, auf die absolute Vernunft oder den absoluten Geist übertragen werden. Halten wir daher die Wahrheit, die in dem Abstractionsvermögen liegt, fest, nämlich die Selbstständigkeit und Unabhängigkeit des geistigen Princips vermöge des Bewußtseyns, so haben wir doch andererseits jene Trennung des Denkens von der Wirklichkeit, jenen subjectiven und formalen Charakter unserer logischen Operationen gegenüber den sachlichen Bewegungen und Veränderungen der Dinge, damit aber auch die Möglichkeit in Irrthum und Widerspruch zu gerathen, alle diese Attribute der endlichen Intelligenz haben wir auszumerzen, um das Musterbild des absoluten Denkens zu gewinnen. Dieses bestimmen wir demzufolge als diejenige Intelligenz, für welche der Gegensatz von Wirklichkeit und Bewußtseyn, Realem und Formalem verschwunden ist, welche mithin in höchster Selbstständigkeit auch die höchste Wirklichkeit ist und nicht durch abgeleitete Abstractionen, sondern durch reale Bewegung des Geistes die Dinge erkennt. Mit Einem Worte: der absolute Geist ist actus purus, eine ἀρχὴ τοιαύτη ἧς ἡ οὐσία ἐνέργεια (Arist. Met. Λ 6. 1072a 20).

Ein ferneres Attribut der menschlichen Intelligenz, dessen Correctur uns auf die Idee des absoluten Geistes führt, ist die Discursivität des Denkens.

Alle Erkenntniß und alle Formen der Erkenntniß beruhen auf der Thatsache, daß ein Allgemeines (nennen wir es Gesetz, Zusammenhang, Ordnung oder wie immer) in einem Einzelnen (in einer Unterschiedenheit mannigfaltiger Dinge) realisirt ist. Beides: Allgemeines und Einzelues sind in allem Daseyn wesenseinheitlich verknüpft und dürfen niemals auch nur in Gedanken von einander getrennt werden. Denn das Einzelne ohne das Allgemeine würde ein absolut Einfaches, Bestimmungsloses; das Allgemeine ohne das Einzelne ein Abstractes und Inhaltloses, Beide aber eben dadurch für das Denken unerkennbar. Nun aber wiegt in all unserer Erkenntniß stets die des Einzelnen vor; erst allmälig kommen wir dazu, aus dem Einzelnen das Allgemeine, aus dem Besondern den Zusammenhang, aus den einzelnen Beispielen das Gesetz zu erkennen, das sie beherrscht. Die Discursivität des Denkens aber besteht nun eben darin, daß das Einzelne oder weniger Allgemeine unserer Erkenntniß näher liegt als das Allgemeine, und daß wir den Zusammenhang nicht in der Einheitlichkeit seines Wesens und intuitu zu erfassen im Stande sind, sondern ihn erst aus den einzelnen Momenten zusammensetzen müssen, in denen er seinen Inhalt zur Geltung bringt. Auch hier wird Ein Beispiel genügen. Es kann kein Zweifel darüber bestehen, daß ein causaler Zusammenhang, in welchem zwei Dinge a und b sich causal berühren, nicht eine einseitige Eigenschaft entweder von a oder von b, sondern einen Zusammenhang bedeutet, der nur in und mit der gemeinsamen Thätigkeit von a und b vorhanden und vollzogen ist. Zugleich haben wir oben (im 1sten Art.) bewiesen, daß das Moment des Zusammenhanges nicht lediglich als Effect der Cooperation verschiedener Elemente, sondern als allgemeines Gesetz und als reale Macht zu fassen ist, welche die specifischen Naturen der einzelnen Elemente von vornherein so disponirt, daß irgend ein bestimmter Effect mit Nothwendigkeit resultirt. Unser discursives Denken aber ist genöthigt die Elemente aus ihrem Zusammenhange herauszulösen und zunächst so zu betrachten, als wenn sie isolirt für sich beständen; erst nachdem beide für sich allein betrachtet worden sind, läßt sie das Denken nun nachträglich in einen Zusammenhang eintreten und den gemeinsamen Effect nachträglich aus wechselseitiger Cooperation hervorgehen. Und zwar gilt dies nicht etwa von neuen Zusammenhängen, in welche eine Mehrheit von Dingen im Laufe der Entwicklung eintritt, sondern auch von bereits vorhandenen Verbindungen, die erst dialektisch in ihre einzelnen Bestandtheile aufgelöst werden müssen, ehe die Macht des allgemeinen Gesetzes zu erkennen ist, welches sie gestiftet hat. So nothwendig nun aber dem Denken dieses discursive Verfahren ist und so wenig wir für uns in der Erkenntniß der Einzeldinge eine intuitive Erkenntniß im strengen Sinne in Anspruch nehmen können, welche von vornherein das Einheitliche und Allgemeine und in ihm das Viele und Besondere erkennt: so führt doch auch diese Beschaffenheit des Denkvermögens auf Schwierigkeiten, zu denen wir eine Lösung zu finden gezwungen sind. Schon der Umstand, daß wir das Allgemeine, den Zusammenhang erst nachträglich als Ergebniß einzelner Componenten zu erkennen vermögen, ist eine in sich mangelhafte und widerspruchsvolle Art des dialektischen Verfahrens. Denn welche Zusammenhänge wir auch immer aufzufinden vermögen, stets bleibt im Hintergrunde jene gesetzliche Macht verborgen, die für unser Denken niemals aus Gegebenem construirt, sondern als Voraussetzung alles Gegebenen angesehen und hingenommen werden muß. Dächten wir uns auch einen Geist, der alle Zusammenhänge des empirischen Daseyns begriffen hätte: so müßte dieser doch an jenem Punkte Halt machen, dessen Daseyn und Wirksamkeit wohl a parte post, aus den Spuren seiner Füße, erkannt, darum aber eben nicht a parte ante, d. h. nicht so erkannt werden kann, wie er die sachliche Voraussetzung all jener Zusammenhänge selber ist. Zu derselben Folgerung gelangen wir durch eine andere Wendung des Gedankens. Was wir durch discursive Denkthätigkeit erhalten, sind einzelne Zusammenhänge, deren Anzahl unbestimmbar in's Grenzenlose sich erstreckt. Eine Einheit, ein Abschluß, ein Totalzusammenhang ist innerhalb dieser einzelnen Zusammenhänge nicht zu finden und durch discursives Denken nicht zu gewinnen. Man sage nicht: die einzelnen Zusammenhänge greifen in einander und der eine stütze den andern, so daß das Ganze in sich selber ruht, wie beim Tonnengewölbe die einzelnen Steine sich selber stützen und vor dem Zusammensturze bewahren. Entweder lassen wir das Daseyn in's Unendliche sich ausbreiten: dann haben wir kein Recht ein Urtheil über den Zusammenhang des Ganzen zu wagen, denn das Ganze ist nicht gegeben und durch keinen Denkakt auszudenken. Oder wir denken es begrenzt und endlich: dann mögen die einzelnen Glieder der Kette in einander greifen, aber die ganze Kette selber hängt in der Luft. Und so mögen die einzelnen Zusammenhänge unter sich wohl auf eine verborgene Einheit hinweisen, durch deren Voraussetzung allein der Zusammenhang des Einzelnen zu einem Ganzen verständlich wird, aber jene Einheit kann weder aus bloßer Summation der Einzelzusammenhänge als ihr gemeinsamer nachträglicher Effect gefunden werden, noch darf sie überhaupt jenen einzelnen Zusammenhängen coordinirt zur Seite gestellt werden, in welchem Falle die Schwierigkeit nicht gehoben, sondern lediglich weiter verschoben würde. Trotz all dieser Mängel und Widersprüche bleibt als Wahrheit des discursiven Denkens die Thatsache bestehen, daß das Allgemeine nur in einem Einzelnen realisirt ist und das Einzelne nur durch ein Allgemeines wahrhaft erkannt wird. Demnach bestimmen wir auch die absolute Intelligenz in Vermeidung der Widersprüche der endlichen als jenes Denken, welches das Einzelne absolut in und durch die Einheit des Gesetzes und den Zusammenhang nicht als Effect, sondern als absolute Voraussetzung alles Einzelnen zu erkennen vermag. Diese Einheit des Gesetzes und dieses Apriorische sind aber mit der absoluten Intelligenz selbst identisch, so daß der absolute Geist alles Daseyn in sich und durch sich selber erkennt. Mit andern Worten: Die Erkenntniß des höchsten Geistes ist absolute Intuition.

10. Halten wir dieses Ergebniß mit dem im ersten Artikel formulirten zusammen, so ergeben sich uns als die beiden Hauptattribute der höchsten Intelligenz: absolute Realität ohne formale Abstractionen und absolute Intuition ohne Discursivität. Zu diesem Ergebniß gelangten wir, indem wir ausgehend von den Schwierigkeiten der empirischen Causalität die Apriorität des Gedankens postulirten, diesen Gedanken in seinem tiefsten Grunde als selbstständig geistiges Princip faßten und diesen Geist durch die wahren und wesentlichen Attribute der menschlichen Intelligenz bestimmten, indem wir die widersprechenden Momente ausmerzten und durch widerspruchslose Bestimmungen ersetzten. Umgekehrt dürfen wir von unserm höchsten metaphysischen Princip behaupten 1) daß es an der Hand und auf Grund der Er-

fahrung gefunden wurde, 2) daß es unser Denken von Widersprüchen befreit und in seiner Wahrheit und Vernünftigkeit begründet. Dagegen kann kein metaphysisches Princip, auch das unsrige nicht, die beiden andern Forderungen erfüllen, welche die Metaphysik nach der Darstellung von Siebeck (a. a. O. S. 3) an ein solches gestellt hat, nämlich: „Es soll so beschaffen seyn, daß sich der Inhalt der Erfahrung aus ihm ableiten und begreiflich machen läßt; es soll ferner in der Bestimmung seiner Beschaffenheit keine einzige der im Inhalte der Erfahrung selbst auftretenden Seiten einschließen." Wenn wir an der Hand der Erfahrung dasjenige Princip aufwiesen, durch welches alles Daseyn verständlich und alles vernünftige Denken allererst möglich wird, so sind wir von der Erfahrung und dem Denken im empirischen Bestande ausgegangen, aber auch zugleich bei ihr als nothwendiger Voraussetzung und Grundlage alles Denkens stehen geblieben; wir haben Erfahrung und Denken nicht überschritten, transscendirt, sondern wir haben beide nach immanenten Impulsen bis zu dem Punkte erweitert, in welchem sie ihren letzten Grund und ihren Halt finden. Nicht die Grenzen der Erfahrung und des empirischen Denkens haben wir übersprungen, sondern wir sind mit der ganzen Erfahrung und mit dem ganzen Denken um einen Schritt vorwärts gerückt und haben die Grenzen anders gesteckt, als die durchaus dualistisch angelegte Kant'sche Kritik und die ihr blind nachsprechende Empirie und Speculation sie bis jetzt bestimmt haben. Wir haben ein metaphysisches Princip entdeckt, aber nicht außerhalb der Welt als transscendente Idee, sondern innerhalb der Erfahrung als ihren Grund, ihre Vernunft und ihren einheitlichen Abschluß, oder besser ausgedrückt, wir haben die Erfahrung so bestimmt, daß sie dem „Transscendenten" immanent wird. Ist nun aber die Erfahrung und das Denken, sowie sie wirklich vorliegen, in ihrer Wahrheit und Vernünftigkeit begründet, so hat es offenbar keinen Sinn mehr, außer für die alte uns gleichgültige dogmatisch-transscendente Metaphysik, die Erfahrung zu streichen und zuzusehen, wie sie aus jenem metaphysischen

Princip sich „ableiten" lasse. Hievon abgesehen, reichen keine Prämissen der Erfahrung aus, das metaphysische Princip vollständig und adäquat zu bestimmen, denn das Absolute geht nicht als Summationsphänomen aus den Erfahrungsthatsachen hervor, sondern steht über ihnen als absolute Vernunft, deren Inhalt wir bloß dadurch zu umschreiben vermögen, daß wir die Thatsachen der Erfahrung und die endlichen Formen unserer Intelligenz von den anhaftenden Widersprüchen befreien. Aber auch unser Denken reicht niemals hin, jene Ableitung aus dem höchsten Principe vorzunehmen. Die Vernunft, die in ihm ist, reicht eben hin, um die Widersprüche zu entdecken, die in ihm schlummern, und den Musterbegriff zu entwerfen, den es davon befreit. Aber die anhaftende Nothwendigkeit abstractiv und discursiv zu denken verbietet ihm zur Zeichnung jenes Musterbegriffes andere Züge zu entlehnen, als die in der Erfahrung bereitliegen. Wäre das Daseyn und das Denken absolut unvernünftig, so würde es nie zum Entwurfe jenes Musterbegriffes, ja auch nur zur Ahnung der Widersprüche kommen, die es bedrücken; wäre es absolut vernünftig, so wäre es eben höchstes Seyn und höchste Intelligenz selbst. Nur eine solche absolute Intelligenz kann die „Erfahrung" aus sich begreifen und ableiten; jeder Versuch, der vom endlichen Denken auf dieses Ziel gerichtet wird, endigt in theosophischer Schwärmerei. Ebenso ungereimt ist die andere Anforderung, das metaphysische Princip dürfe keine der im Erfahrungsinhalte auftretenden Seiten einschließen. Wie kann eine Metaphysik, die von der Erfahrung ausgeht, ihr Princip anders als durch Erfahrung bestimmen wollen? Andererseits ist es richtig, daß das metaphysische Princip den empirischen Prämissen nicht schlechthin coordinirt ist, also Bestimmungen enthält, die wir nicht allein auf Rechnung der Erfahrung zu schreiben vermögen. Wie lösen wir diese Schwierigkeit? Dadurch, daß wir, was Wahrheit und Vernunft in der Erfahrung ist und begründet, als Bestimmung des Principes festhalten, was aber unwahr und unvernünftig ist oder zu Widersprüchen führt, ausmerzen und durch seinen

Gegensatz ersetzen. Wendet man aber ein: Ja gerade dieses Widersprechende und Unvernünftige kannst du aus deinem metaphysischen Principe nicht begreifen und nicht begründen, so erwiedere ich: Dies ist gerade wieder jene eben gerügte Sucht, nicht bloß durch die natürlichen Mittel unseres Denkens das Unbegreifliche denkbar zu machen, sondern zu ergründen, wie aus dem höchsten Princip das Unbegreifliche, d. h. das Endliche als Endliches sachlich hervorgeht. Außerdem erklären wir ja ausdrücklich, daß ein Endliches als solches mit seinen Widersprüchen für uns gar nicht mehr existirt; mehr als die Lösung dieser Widersprüche aber kann von keiner Speculation verlangt werden, die ihrer Grenzen und ihrer Aufgaben eingedenk bleibt. Und so ist allerdings eine Metaphysik verwerflich, welche zu leisten verspricht, was sie niemals halten kann, aber ebenso verwerflich ist eine Speculation, welche weniger leistet, als nothwendig geleistet werden muß. Nicht bloß die alte dogmatische Metaphysik ist der Correctur bedürftig, sondern auch die neuere auf dem Kant'schen Erfahrungsbegriffe beruhende Naturwissenschaft und die mit ihr Hand in Hand gehende Speculation. Jene wird sich zur Erkenntniß herbeilassen müssen, daß das metaphysische Princip für uns nur erkennbar ist in den Thatsachen und Gesetzen der Erfahrung; diese wird anerkennen müssen, daß jeder Begriff der Erfahrung einseitig, mangelhaft und widersprechend ist, wenn er nicht in der Idee eines metaphysischen Princips, einer absoluten Vernunft, eines höchsten Geistes Grund, Einheit und Abschluß sucht. In dieser Anerkennung der höchsten Vernunft als Quellpunkt alles vernünftigen Daseyns, der Priorität des absoluten Gedankens vor allem mechanisch causalen Geschehen, der Herrschaft des unendlichen Geistes über die Vielheit und Mannigfaltigkeit des Endlichen liegt das Wesen und der Sinn der teleologischen Weltanschauung gegenüber dem einseitigen Causalismus beschlossen. Abschluß der vieltheiligen Causalreihen in einer einheitlichen superordinirten Ursache, Zurückführung der abstract und discursiv erkannten Gesetze auf einen höchsten Gesetzgeber, Priorität der Vernunft, des Zusammenhanges, der Ordnung und Harmonie vor dem System der wirkenden Ursachen, absolutes Bestimmt- und Durchdrungenseyn alles Individuellen durch die einheitliche Weltvernunft: das sind die Cardinalsätze der Teleologie, zu welchen uns die Aufstellungen des Causalismus in logisch untadeligem Gange der Entwickelung geführt haben.

11. Es scheint indeß, daß wir eine Untersuchung nicht schließen können, ohne den Begriff des Zweckes, welcher der in Frage stehenden Weltanschauung den Namen geliehen hat, einer besondern Erörterung werth zu halten. Es wird sich indeß herausstellen, daß wir das Beste, was man bei diesem Begriffe denkt, im Vorhergehenden bereits gewonnen haben, und daß es sich im Folgenden mehr um schützende Abwehr schädlicher Mißverständnisse als um Aufstellung neuer Gesichtspunkte handeln kann.

Was uns in der Natur über die blinden mechanischen Effecte der Atome oder Atomkräfte hinausführt, wodurch uns ihre Sprache verständlich wird, wodurch ihr Walten und Wirken unserem Denken wahlverwandt entgegenkommt: das ist das Gesetz, das sie beherrscht, die Ordnung, der sie sich fügt, der Zusammenhang, der ihre Bestandtheile zu einheitlichen Leistungen verknüpft. So lange wir mit dem Empirismus innerhalb der Vielheit der gegebenen Elemente stehen bleiben, so gewinnt es für unser discursives und abstractives Denken den Anschein, als ob jene gegebenen Elemente die letzte Instanz für unser Erkennen und damit zugleich der geheimnißvolle Urgrund wären, aus denen Verstand, Ordnung, Harmonie des Weltalles lediglich durch mechanische Causalität hervorfließen. Vermag man auch, ohne das Denken selbst zu gefährden, die Immanenz der Vernunft im natürlichen Daseyn nicht abzuleugnen, so bleibt man doch bei dem allgemeinen und abstracten Ausdrucke nothwendiger Gesetzmäßigkeit stehen, ohne die Schwierigkeiten zu beachten, die wir oben (im 1sten Art.) aufgedeckt haben, oder man versichert wohl auch mit dürren Worten, die Vernunft in der Welt sey lediglich als gewirktes Ergebniß, nicht als wirkendes Princip zu betrachten, die Welt möge also wohl auf eine Vernunft, aber nicht von einer Vernunft angelegt seyn. Es ist nun im Vorhergehenden sowohl der Nachweis der Verkehrtheit des einseitigen Causalismus, wie der Nothwendigkeit geleistet worden, die Priorität und Superiorität des Gedankens über die Materie, der einheitlichen Vernunft über die Vielheit der Erscheinungen, des concreten gesetzgebenden Geistes über die Allgemeinheit abstracter Gesetze anzunehmen. Mit dieser Veränderung des Augenpunktes gewinnt das Daseyn eine völlig veränderte Gestalt. Wenn wir uns vorher in einem unentfliehbaren Cirkel bewegten, indem der Zusammenhang der Dinge nur als nothwendiger causaler Effect ihrer specifischen Beschaffenheiten, diese letztern selbst aber nur durch die Präexistenz des Gedankens zu begreifen waren, welches die einzelnen, mit Plan und Zusammenhang des Ganzen unbekannten Elemente zu gegenseitiger Einwirkung disponirte: so ist nun der Satz des Causalismus, daß der Zusammenhang und die gemeinschaftlichen Effecte der Dinge nicht als fremdartiges Gesetz ihnen aufoctroyirt werden, sondern als Resultate ihrer specifischen Naturen mit Nothwendigkeit hervorgehen, sauber und gewissenhaft bis auf den letzten Rest anerkannt, zugleich ist aber in der Idee des absoluten Geistes derjenige Punkt entdeckt, von welchem die spezifischen Naturen der Dinge mit sammt ihrer Ordnung und Gesetzmäßigkeit ihren Ursprung haben, in welchem alle empirischen Causalreihen ihren einheitlichen und unbedingten Abschluß finden. Es versteht sich hiebei, der oben exponirten Natur des absoluten Geistes gemäß, von selbst: weder, daß die von uns a parte post durch abstractives und discursives Denken gewonnenen Zusammenhänge schlechthin ohne Correctur als Gedanken dem absoluten Geiste aufgebürdet werden dürfen, in welchem Falle wir lediglich ein Stück Wirklichkeit copiren würden, zu dem eine höhere Wirklichkeit gesucht werden müßte u. s. w., noch daß das Verhältniß des absoluten Geistes zu der specifischen Natur der Dinge und ihren Zusammenhängen nur so ohne Weiteres mit den causalen Beziehungen zusammengeworfen werde, welche unter den gegebenen Elementen der Erfahrung als solchen stattfinden. Das Moment der Causalität, welches wir für alle realen Beziehungen, also auch für die Beziehung zwischen Absolutem und Endlichem festhalten, muß eben grade so umgeformt werden, wie der Begriff des endlichen Geistes modifizirt werden mußte, um an die Spitze des Daseyns gestellt werden zu können. Sind der endlichen Ursachen viele, so kann die unendliche nur Eine seyn, sind jene in ihrer Wirksamkeit auf einander angewiesen, so wirkt diese alles aus sich und durch sich, müssen wir in jenen unterscheiden zwischen den Effecten, bei denen die einen Bestandtheile vorwiegend thätig sind, die andern vorwiegend leidend, so kann bei diesem nur von absoluter Thätigkeit die Rede seyn, die Alles ausschließt, was nicht principiell in dieser ihrer Ursächlichkeit begründet ist. Lassen wir nun den absoluten Geist, der zugleich in dem bestimmten Sinne höchste Ursache ist, an die Spitze der Weltordnung treten, so erfährt die mechanische oder causalistische Weltbetrachtung einen völligen Umschwung ihres Gedankenkreises. Was im Mechanismus als bloßer Effect nothwendig und blindwirkender Kräfte erschien, das erscheint auf dem Standpunkte der Teleologie als Werk der absoluten Vernunft; die Harmonie zwischen der spezifischen Natur der Einzeldinge und ihren Zusammenhängen untereinander, die den Mechanismus in einen verzweifelten Cirkel hineintreibt, erklärt sich jetzt als Gedanke jener vorschauenden Vernunft, vor welcher ein Einzelnes nur insofern existirt, als es in den Zusammenhang und die Bestimmung des Ganzen passend eingreift. Wir pflegen alle jene Verhältnisse, in denen eine Vorstellung oder ein Gedanke als das Frühere und als dasjenige erscheint, welches gewisse Bestandtheile der Wirklichkeit so richtet und anordnet, daß sie dem Inhalt jenes Gedankens wesentlich entsprechen, Zweckverhältnisse zu nennen (vgl. Trendelenburg: Log. Unters. II, S. 29 ffg., 3. Aufl.; Ulrici: System der Logik, S. 409 ffg.). Der Gedanke, der verwirklicht werden soll und die Bestandtheile der

Realität zum Behuf dieser Verwirklichung richtet und ordnet, ist die als Zweckvorstellung wirkende Ursache causa finalis, der in die Wirklichkeit getretene Gedanke ist der realisirte Zweck, das Ziel (τέλος), die dazu geordneten und gerichteten Bestandtheile der Wirklichkeit sind die Mittel zum Zwecke. Ohne Zweifel ist es nun nicht gestattet, dieses Zweckverhältniß tale quale, ohne irgendwelche Correctur, auf das Verhältniß des absoluten Geistes zum endlichen Dasein zu übertragen. Wenn wir in unserm discursiven Denken die einzelnen Momente einer menschlichen Handlung isoliren, wenn wir die Vorstellung eines Zieles, das Motiv, die Absicht, den Vorsatz, die Mittel und die Ausführung durch die Mittel unterscheiden, so läßt sich diese discursive Unterscheidung als solche auf die absolute Intelligenz nicht übertragen, ohne daß die Schwierigkeiten, die uns im Endlichen begegnen, auch im Unendlichen wiederkehren. Würden wir die Zweckmäßigkeit in der Welt aus einer ganz homogenen, nur in's Unendliche vervollkommneten absoluten Zweckthätigkeit der göttlichen Intelligenz ableiten, dann, aber allerdings auch nur dann „müßte für jenes göttliche Wesen wieder eine nach Zweckbegriffen wirkende Ursache vorausgesetzt werden, und so in's Unendliche" (Zeller: Ueber teleologische und mechanische Naturerklärung in ihrer Anwendung auf das Weltganze, Abh. der Berliner Akademie der Wissenschaften 1876, S. 37). Kommt es ferner im menschlichen Handeln vor, daß wir Mittel auswählen, welche zu dem vorgestellten Zwecke in keinem passenden Verhältnisse stehen, und scheint überhaupt die Natur zu menschlichen Zwecken nicht jenes innere und innige Verhältniß einzunehmen, wie zu der Bestimmung, die ihr selber gesetzt ist, so kann beim Absoluten von keiner Auswahl, daher auch von keinem Irrthum in der Auswahl der Mittel, von keiner Unsicherheit in der Ausführung, von keinem Verfehlen des Zweckes die Rede seyn. Schon die Unterscheidung von Mittel und Zweck oder verwirklichter Zweckvorstellung ist eine menschliche Vorstellung, welche zerlegen muß, was doch nur einheitlich existirt. Ist das Ganze oder der Zusammenhang des Ganzen Zweck, so ist nicht bloß der verwirklichte Zusammenhang bezweckt, sondern auch die Bestandtheile der Wirklichkeit, in denen und durch die er verwirklicht wird. Nur menschliche Mangelhaftigkeit trennt aber auch nicht bloß die Mittel vom Zwecke, sondern auch von dem sie setzenden Gedanken, der causa finalis. Nur die veraltete dogmatische Metaphysik mit ihrem abstracten Dualismus und ihrer extramundanen Transscendenz Gottes konnte die höchste Vernunft den endlichen Bedingungen wie einen Töpfer seinem Thon gegenüberstellen, schwankend und überlegend, was daraus zu machen sey. Uns ist Gott der „innerliche Künstler, der aus seinem Willen ewig das Universum wirkt, er ist die sich selbst erfassende und darum alles umfassende Einheit in aller Lebensfülle, die aus seinem Wesen hervorquillt" (Carriere in A. A. Ztg. 1876, 334. B.). Darum stehen ihm einerseits die Dinge nicht in fremdartiger Abgeschlossenheit und Selbstständigkeit gegenüber, so daß sein Schaffen und Gestalten an ihnen seine Grenze und seine nothwendige Bestimmtheit fände. Es ist ein Widerspruch mit der Absolutheit des zwecksetzenden Princips, das alles ausschließt, was nicht in ihm principiell begründet ist; wenn man daher seit Kant dem sog. teleologischen Gottesbeweise den Vorwurf macht, er führe uns nur zur Idee eines weisen Baumeisters, aber nicht eines absoluten Schöpfers der Welt, so wissen wir jetzt, daß eine absolute zwecksetzende Vernunft unmöglich die Allgemeinheit des Weltplans, die Ordnung und Harmonie des Daseyns setzen kann, wenn sie nicht auch die spezifischen Naturen der Dinge setzt, die durch jenen gesetzmäßigen Zusammenhang absolut bedingt und bestimmt sind. Es liegt jenem Vorwurfe lediglich ein Anthropopathismus zu Grunde, der in unserer endlichen Gebundenheit durch Dinge und Verhältnisse, die nicht von uns herrühren, begründet ist. Die wahre Teleologie kann niemals bei jenem mythischen Demiurgos stehen bleiben, der mit der Materie und mit der Weltseele operirt, wie der Töpfer mit seinem Thon, sie muß vielmehr zur Idee des absoluten Geistes fortschreiten, in dem, durch den und auf den hin Alles ist (vgl. Ulrici: Gott und die Natur, S. 514 fg.,

3. Aufl.). Andererseits würde es ebenso sinnlos und wiederum nur eine anthropomorphe Vorstellung seyn, wenn wir die absolute Wirksamkeit des göttlichen Princips als reine Willkür faßten, die sich um das Gesetzte, Gegebene, um Gesetz, Ordnung, Harmonie nichts kümmert und ohne Rücksicht auf die Beschaffenheiten des endlichen Daseyns in's Blinde und Blaue hinaus schafft und wieder zerstört. Sinnlos nennen wir diese Meinung, weil das Absolute sich selbst widerspricht, wenn es seine von ihm gesetzte Ordnung schädigt, zerstört oder — verbessert. Eine „übernatürliche" Wirksamkeit des absoluten Geistes in diesem Sinne widerspricht den einfachsten Grundsätzen der Logik, wie der gesetzmäßigen Ordnung der Welt. Mit Recht hat darum schon Julianus Apostata seinen orthodoxen Gegnern erklärt, es genüge nicht zu sagen: Gott sprach und es wurde, ὁμολογεῖν δὲ χρὴ τοῖς ἐπιτάγμασι τοῦ θεοῦ τῶν γινομένων τὰς φύσεις (bei Cyrill. Alex. pro sancta christ. relig. IV. 143 B), und Spinoza hat demselben Gedanken den kurzen und bündigen Ausdruck gegeben: Deus contra se agere nequit. Haben wir aber die Zweckvorstellung von allen anthropopathischen Anhängseln entkleidet, so bleibt als deren wesentlicher Inhalt der Satz bestehen: **daß das endliche Daseyn ausnahmslos nach seinen Bestandtheilen, seiner Entwicklung und seinem Zusammenhang in sachlicher Abhängigkeit von dem einen absoluten Geiste steht, daher im Einzelnen wie im Ganzen die Vernunft erkennen läßt, die in ihm als zwecksetzende Ursache fortwährend wirksam ist.**

Ueber das Sittengesetz.

Von

Dr. Eugen Dreher.

Docent an der Universität Halle.

Wenn Kant in seiner „Kritik der praktischen Vernunft" als die Basis der Sittlichkeit die Formel aufstellt: „Handle so, daß die Maxime deines Willens zugleich als Prinzip einer all-

Zeitschrift
für
Philosophie und philosophische Kritik,

im Vereine mit mehreren Gelehrten

gegründet

von

Dr. J. H. Fichte,

redigirt

unter Mitwirkung der Professoren der Philosophie an der Universität Halle

Dr. August Krohn und Dr. Günther Thiele

von

Dr. Hermann Ulrici,

Professor der Philosophie an der Universität Halle, Ehrendoctor der Theologie, auswärt. Mitglied der Accademia di scienze e lettere zu Palermo, der Accademia dei Lincei zu Rom und der kön. Böhmischen Gesellschaft der Wissenschaften zu Prag, Ehrenpräsident der deutschen Shakespeare-Gesellschaft, Ehrenmitglied der Société scientifique d'études psychologiques de Paris.

Neue Folge.

Einundachtzigster Band.

Halle,
C. E. M. Pfeffer.
1882.

Die Teleologie als Weltanschauung.

Von

Dr. Johannes Kreyenbühl.

Dritter Artikel.

Was sich in positiver Beweisführung als Wahrheit erwiesen hat, das wird seinen vernunftgemäßen Gehalt auch allen Mißverständnissen und Einreden gegenüber zu behaupten vermögen und den entgegengesetzten Irrthum zu einem unwillkürlichen Zeugniß für die Wahrheit in Anspruch nehmen.

12. Man pflegt sich zunächst gegen die Teleologie auf das Zeugniß der Erfahrung zu berufen, indem man wohl einzusehen vermöge, daß etwas sey oder werde, weil ein anderes sei, nicht aber damit ein anderes sey oder geschehe (Drobisch in Fichte's Ztschr. f. Philos. Bd. XIX S. 85; Flügel: Probleme d. Philos. S. 163). Soll hiemit gesagt seyn, der Inhalt der Teleologie, die Finalität des Seyns oder Geschehens, sey nicht unmittelbar in der Wahrnehmung gegeben und ein Gegenstand derselben, so gilt diese Bemerkung in gleichem Sinne von der Causalität. Die Anregungen und sachlichen Veranlassungen zur Bildung dieser Begriffe liegen in den Verhältnissen der Sachenwelt bereit, aber daß die Sachen durch wirkende Ursachen oder daß sie durch finale Ursachen bestimmt seyen, wird durch Wahrnehmung allein nicht ausgemacht. Will man aber durch jene Behauptung unserm Denken überhaupt die Möglichkeit absprechen, auf dem Wege erfahrungsmäßiger Erkenntniß jemals zum Inhalte des teleologischen Princips zu gelangen, so haben wir im Vorhergehenden nicht bloß die Wahrheit des Gegentheils erwiesen, sondern auch gezeigt, daß alles Erfahrungswissen in letzter Instanz mit Nothwendigkeit in ein teleologisches Princip ausmündet, also ohne dessen Voraussetzung in der Luft schwebt.

Mit demselben Rechte also, wie der Naturforscher räumliche Bewegungen der Körper oder zeitliche Succession der Phänomene in causale Relationen derselben umdeutet, deutet der Philosoph das causale Geschehen in ein teleologisches Verhältniß um, indem er dasjenige, was in causaler Relation als wirkende Ursache und als gewirkter Effect sich darstellt, von der zwecksetzenden Ursache als Mittel zum Zwecke angeordnet seyn läßt. Wer die Triftigkeit dieser Beweisführung ansicht, der muß nicht nur die Zweckmäßigkeit in der Natur, sondern auch die im menschlichen Handeln leugnen. Auch dieses verläuft in seiner Verwirklichung innerhalb des causalen Mechanismus, dessen Gesetze und Wirkungsweisen wir nicht abzuändern vermögen. Dürfen wir nun nicht, nach der Analogie der eigenen innern Erfahrung, von dem Mechanismus des äußern Handelns auf ein vernünftiges Subject zurückschließen, welches nach verständiger Reflexion Zwecke setzt und durch die passenden Mittel, in Uebereinstimmung (oft auch in Nichtübereinstimmung) mit dem natürlichen Daseyn realisirt oder zu realisiren strebt: dann ist die Annahme von Wesen Unseresgleichen eine unberechtigte Fiction, die um so wunderbarer erscheint, als sie für unser ganzes praktisches Leben absolut nothwendig und unentbehrlich ist. Dürfen, ja müssen wir aber den menschlichen Handlungen trotz ihrer mechanischen Verwirklichung den Gedanken der zwecksetzenden Ursache suppliren, so dürfen, ja müssen wir auch dem mechanischen Geschehen der Natur eine zwecksetzende Vernunft suppliren, die mit der Besonderheit der materiellen Atome oder Atomkräfte nicht zusammenfällt. Der Beweis ist wenigstens bis heute nicht erbracht und wird nie erbracht werden können, daß wir bei den wie immer bestimmten ursprünglichen Bestandtheilen der Natur in ähnlicher Weise als der causa efficiens der gesetzmäßigen Ordnung und Harmonie des Weltalls stehen zu bleiben vermögen, wie wir den menschlichen Geist als Subject und Träger der Handlungen ad extra zu betrachten berechtigt und genöthigt sind. Außerdem hat Ulrici (System der Logik S. 415 f.) mit Recht darauf hingewiesen, daß, wenn die natürliche Teleologie geleugnet, auch die Zweckthätigkeit des menschlichen Handelns unmöglich wird. Unser Handeln ist von der Natur und Beschaffenheit der Dinge abhängig und umgekehrt müssen die Dinge, um von uns als Mittel benutzt zu werden, mit unserer vernünftigen Natur in Uebereinstimmung stehen. Würden die Dinge sich gegen unsere Erkenntnißthätigkeit indifferent verhalten oder wollten wir uns um ihre Beschaffenheiten und Eigenthümlichkeiten nichts kümmern: in beiden Fällen wäre es um ein ver‑ nünftiges Handeln geschehen.

13. Ist aber auch die Zweckmäßigkeit in der Natur erkennbar, so ist deshalb noch lange nicht alles als Zweck der Natur zu betrachten, was unsere Reflexion dafür zu halten nur allzu schnell bereit ist. Nichts ist der richtigen und sachgemäßen Auffassung der Teleologie hinderlicher im Wege gestanden, als jene Anthropoteleologie, welche ihre beschränkten Ansichten über die Zwecke in der Natur und die Art ihrer Verwirklichung voreilig den Dingen aufladet und dann von einer wirklichen Uebereinstimmung zwischen objectiver und subjectiver Vernunft zu sprechen nicht müde geworden ist. Wir reden natürlich nicht mehr von jenen naiven und beschränkten Versuchen eines kindlichen Verstandes, den menschlichen Nutzen zum Mittelpunkt des Daseyns und der Entwicklung des Universums zu machen; wenn Einer boshaft seyn wollte, so möchte ihm der Nachweis nicht schwer fallen, daß die Natur wenigstens ebenso zweckmäßig darauf angelegt sey, unserem Geschlechte alle Arten von Hemmnissen in den Weg zu legen und seine Existenz durch die drohendsten Gefahren auf eine harte Probe zu stellen. Die mannigfachen Versuche einer Theodicee von den Stoikern an bis auf Leibniz würden wenigstens unter der Voraussetzung, daß in der Welt Alles glatt auf unsern Nutzen angelegt sey, nicht recht verständlich seyn. Wir haben aber auch den Sinn eingebüßt für jene zudringliche Physikotheologie des vorigen Jahrhunderts, welche in der Absicht die Größe Gottes im Kleinen wiederzufinden, den Blick für das Große und Ganze verlor und in kleinlichen Abgeschmacktheiten unrühmlich endete (vgl. darüber

Fortlage: Darstellung und Kritik der Beweise fürs Daseyn Gottes, 1840, S. 215—237). Unserm eigenen Standpunkt möchten wir diesen anthropopatischen Verirrungen gegenüber dahin fixiren. Es hat sich bis in unsere Gegenwart hinein der Irrthum fortgepflanzt, als ob Causalismus und Teleologie zwei von einander verschiedene Principien der Welterklärung bedeuteten, von denen jenes den Naturforschern, dieses den Philosophen und Theologen zugefallen sey; jedes müsse von dem andern sorgfältig abgesperrt werden und von jedem derselben aus gewähre die Welt eine vollständig veränderte Ansicht, die in reinlicher Abgrenzung zu erhalten die erste Sorge des Naturforschers und des Philosophen seyn müsse. Bei diesem Abkommen scheinen beide Theile sich wohl zu befinden: die Naturforscher, weil sie sich in die Erforschung der mechanischen Zusammenhänge vertiefen dürfen, ohne jemals fürchten zu müssen, auf ihrem Wege dem verhaßten τέλος zu begegnen; die Philosophie, weil sie sich in den hochfliegendsten Träumen über die Endzwecke des Universums ergehen kann, ohne die sachliche Gültigkeit ihrer Constructionen vor dem Richterstuhl der Erfahrung rechtfertigen zu müssen. Und doch ist diese ultima ratio einer schachmatt gewordenen Wissenschaftlichkeit so faul und falsch, als es die Lehre von einer duplex veritas jemals nur gewesen ist. Unsere ganze vorausgegangene Erörterung ist umsonst gewesen, wenn sie nicht zur Evidenz gebracht hat, daß der Causalismus eine durchaus einseitige, mangelhafte und in sich widersprechende Weltanschauung ist, welche der Ergänzung, Berichtigung und Begründung durch die Teleologie mit Nothwendigkeit bedarf, daß aber auch die Teleologie als der höchste philosophische Gesichtspunkt einer Weltbetrachtung nur durch die Arbeit des Mechanismus Sinn, Gehalt und concretes Leben gewinnt. Die Trennung der mechanischen und der teleologischen Weltanschauung ist eine unberechtigte Abstraction, die für beide Theile letale Folgen hat. Eine Teleologie ohne empirische Grundlage ist ein leeres Geschwätz, das mit Frommthun abmachen will, wo strenge Wissenschaftlichkeit allein am

Platze ist, Causalismus ohne Teleologie ist öde langweilige Knechtesarbeit ohne einheitlichen Abschluß, ohne vernünftige Begründung, ohne befriedigendes Ziel. Nicht durch Abstractionen erklärt man die Welt, sondern durch concrete Principien, in denen Eins ist, was unser Denken trennt. Wie die Naturwissenschaft nicht die Wissenschaft schlechthin ist, „sondern nur eine zu einem bestimmten Zwecke mit vollkommenem Rechte einseitig ausgebildete Methode der Wissenschaft" (Vogel: Häckel u. d. monist. Weltanschg. S. 39), so ist auch der Causalismus nicht das Princip, sondern ein und damit einseitiges Princip der Wissenschaft. Wie aber auch die Speculation nicht die Wissenschaft ist, sondern eine Wissenschaft und zwar von den Formen und letzten Gründen alles Seyns und alles Erkennens selbst, so ist auch die Teleologie nicht das Princip der Wissenschaft schlechthin, sondern nur diejenige Gestalt desselben, die es für die Speculation annehmen muß.

So läßt die Philosophie der Empirie ihr volles Recht, weil sie weiß, daß man nicht in Widerspruch, sondern nur in Uebereinstimmung mit der Erfahrung wahrhafte Erkenntniß des teleologischen Princips haben kann; so muß auch die Empirie der Speculation ihr Recht lassen, nicht weil jene mit dieser Nichts zu schaffen hätte, sondern weil sie einer principiellen Begründung gar nicht entbehren kann, sie aber aus eigenen Mitteln sich nicht zu geben vermag. Die Philosophie ist es aber auch, welche sich letztinstanzlich über die Abstraction von Causalität und Teleologie, über den Dualismus blinder Nothwendigkeit, mechanischen Geschehens und vernünftiger Ordnung des Weltalls erhebt, indem sie uns im absoluten Geiste das absolut letzte Princip alles Seyns und Erkennens aufweist, für welches jener Dualismus durchaus verschwunden ist. Im absoluten Geiste als absoluter Realität ist alles Wirkliche mit der spezifischen Art seiner Beschaffenheit, im absoluten Geiste als absoluter Vernunft ist alle endliche Vernunft in und außer uns begründet; für die einheitliche reale Vernunft endlich ist die Trennung von materieller Wirklichkeit und geistigem Gesetze aufgehoben. Man möge darum endlich aufhören Causalität und Teleologie in dieser Abstractheit und Indifferenz neben einander hinzupflanzen und unsere einheitliche, der Empirie wie der Speculation gleich sehr bedürftige Weltanschauung in einen Gegensatz zu versetzen, an dem nur die Feinde aller echten und gründlichen Wissenschaftlichkeit ihre Freude haben können. Verstummen möge endlich das Kriegsgeschrei: Hie mechanisch nothwendiges Geschehen, hie vernünftige Ordnung des zwecksetzenden Geistes, und an seiner Stelle die Einsicht erwachen, daß in dem concreten Princip des absoluten Geistes beide Abstractionen: das nothwendige Geschehen aus der natürlichen Beschaffenheit der ursprünglichen Elemente und die sie beherrschende, formgebende, harmonisirende Gesetzmäßigkeit zur endgültigen Einheit verknüpft ist (sehr richtig Vogel a. a. O. S. 67). Ganz unbegreiflich muß uns daher die Furcht Derjenigen vorkommen, die den mechanischen Verwirklichungsproceß des Daseyns geschädigt glauben, wenn man Erklärungsgründe idealer Natur zu Hülfe nehme. Alles menschliche Handeln und zwar nicht bloß das äußere, sondern auch die psychologischen Präliminarien, sind an gewisse nothwendige Gesetze und Bedingungen geknüpft, deren Beobachtung den vernünftigen Menschen vom Verrückten unterscheidet. Warum sollte denn in der Natur blinde Nothwendigkeit die Mutter der vernünftigen Ordnung seyn oder wie wollen allgemeine Abstractionen, Kräfte, Gesetze und andere Personificationen unserer geschäftigen Phantasie es anfangen dem spröden eigensinnigen Stoffe Licht, Ordnung, Form, Gestalt und verträgliches Zusammenwirken abzuringen?

Es hat dieser genauern und einläßlichern Darlegung des Verhältnisses zwischen Mechanismus und Teleologie bedurft, um einen allgemeinen Kanon für die Anwendung des teleologischen Erklärungsprincips für die gegebenen Erscheinungen zu fixiren. Wiewohl die Einheit des absoluten Geistes, die Einheit des Weltzweckes und die Einheit des Weltalls nothwendige Postulate unseres Denkens sind, deren Leugnung nur einer müßigen Phantastik oder einem thörichten Skeptizismus wohl ansteht (vgl. Teichmüller: Darwinismus und Philosophie, Dorpat 1877, S. 27 fg.): so dürfen wir doch keinen dieser Begriffe für eine vollendete Größe halten, deren Inhalt wir in einer bestimmten Summe von Urtheilen bis auf den Boden auszuschöpfen vermöchten. Es ist also auch nichts weiter als eine höchst unphilosophische Arroganz, sich im Besitze der Erkenntniß des höchsten Weltzweckes zu wähnen und nach dieser geheimnißvollen Zauberformel an dem Gegebenen herumzudeuten, zu meistern und zu mäkeln, gleich als ob wir dazu da wären, das Universum ab ovo ad mala zu construiren oder zum mindesten wieder in seine Fugen zu bringen. Solche kühne Geister bitten wir zu bedenken, daß, welches immer der eine und höchste Weltzweck seyn mag, wir davon nicht mehr zu erkennen vermögen, als was die höchste Vernunft in dem engen uns zugänglichen Segmente des Daseyns zu offenbaren für gut fand und daß wir auch zur Erkenntniß dieser empirischen, beschränkten Kundgebungen des Weltzweckes nur dadurch gelangen, daß wir uns bequemen den Standpunkt eines angeblich absoluten Wissens der göttlichen Rathschläge aufgeben und in bescheidener, aber desto ergiebigerer Arbeit der Forschung die Wege und Weisen zu errathen suchen, welche die ewige Vorsicht nun einmal selber einzuschlagen für gut befunden hat. D. h. also, wie nach unserer früheren Erörterung die Gesetzmäßigkeit des causalen Geschehens der Offenbarungsmodus der höchsten Vernunft selber ist, so ist die wahre und ganze Wissenschaft, die vernunftfreundliche Empirie und die auf der Empirie sich erhebende Speculation das einzige Organ, durch welches unsere jeweilige Erkenntniß der einzelnen Zwecke des Daseyns und ihrer Verknüpfung in einem Gesammtzwecke zum Ausdruck gelangt. Und zwar werden sich die Leistungen beider, der Empirie und der Speculation, ungefähr so vertheilen, daß erstere die specifischen Beschaffenheiten der Dinge, die mannigfachen Arten ihrer Wirksamkeit und die Zusammenhänge zu ergründen sucht, die sie mit den übrigen verknüpfen; auf diese Weise wird sie zur Kenntniß der allgemeinen Gesetze und Verfahrungsweisen gelangen, denen die Natur in der Entwicklung ihrer Formen und deren Verknüpfung zu einem einheitlichen Ganzen zu folgen pflegt. Durch diese Schulung in exacter Beobachtung des objectiven Systems der Mittel und Zwecke wird der Empiriker seine Vermuthungen über zweckmäßig angeordnete Causalreihen auch da auszusprechen befähigt, wo die Erfahrung die hinlänglichen Prämissen noch nicht an die Hand gegeben hat. So wird z. B. kein Physiologe sich mit der Erkenntniß zufrieden geben, daß irgend ein Bestandtheil des menschlichen Körpers durch diese oder jene chemischen Processe zu Stande gekommen; er wird nicht minder voraussetzen, daß der vorschauende Gedanke, der im Organismus unverkennbar thätig ist, auch jenen Bestandtheil irgendwie in den Dienst des Ganzen herbeigezogen oder darum mit andern Bestandtheilen in eine besonders enge Beziehung gebracht habe. Die Teleologie leistet also dem Physiologen den Dienst einer Hypothese, „welche unser Urtheil in der Wahl der Erklärungsgründe leitet und vor allzuweitem Abschweifen auf fremdartige Gebiete bewahrt, die uns veranlaßt, den Thatbestand der Beobachtung für unvollständig zu halten und das Vorhandenseyn von Thatsachen zu vermuthen, die uns bis jetzt entgangen waren, weil wir kein Interesse hatten, sie aufzusuchen, die es uns endlich ermöglicht, durch sie eine Mannigfaltigkeit einzelner Thatsachen in einen Zusammenhang zu bringen, in welchem jede erst den ihr zukommenden Werth und das Verständniß ihrer Bedeutung gewinnt" (Lotze: Allgem. Physiologie des körperl. Lebens, 1851, S. 49). Gesetzt auch, daß diese hypothetischen Vermuthungen von der nachfolgenden Erfahrung nicht immer bestätigt werden: so haben sie doch einen vernünftigen Sinn nur dann, wenn in der Natur überhaupt so etwas wie Gedanke, Vernunft, planmäßiger Zusammenhang vorkommt; ansonst wäre es ja unbegreiflich, daß unsere Vorstellungen und Vermuthungen von solchen Verhältnissen auch nur einmal, geschweige denn häufiger, mit einem gedanken- und planlosen Mechanismus zusammentreffen, ja daß der Forscher es unternehmen darf nach einem Complex subjectiver Gedankenprocesse an die Beurtheilung

Die Teleologie als Weltanschauung.

von Thatsachen zu gehen in der Erwartung ein zusammenstimmendes Ergebniß beider Rechnungsansätze zu erhalten. Wem die Natur nur scheinbare Zweckmäßigkeit aufweist, für wen Zweckmäßigkeit und Unbegreiflichkeit der Welt gleichbedeutende Begriffe sind, für den hat die Teleologie als „heuristisches Princip" nur den Werth einer bedeutungslosen Spielerei, einer bewußten Fiction (so Du Bois-Reymond: Darwin versus Galiani S. 23). Solche und ähnliche Mißachtungen einer objectiven Geltung des teleologischen Princips hat übrigens der verehrungswürdige Verfasser der Allgemeinen Physiologie des körperlichen Lebens bereits vor zwei Dezennien in ebenso ruhiger als treffender Weise abgefertigt, so daß man sich billig wundern darf, wie wenig unsere heutigen Naturforscher von Arbeiten Notiz zu nehmen pflegen, die auf ihrem eigenen Boden und in ihrer eigenen Schule gewachsen sind. Diese Erwägungen zusammenfassend dürfen wir sagen: Die Empirie muß uns die Erkenntniß zubringen, daß der Weltzweck nicht unmittelbar, sondern nur in dem gesetzmäßigen causalen Geschehen selber sich verwirklicht und daß er deshalb keine apriorische oder, um mit Hartmann (Neukantianismus S. 219) zu reden, anticausale Teleologie geben darf, die aus der Natur nicht herausliest, was eine höchste Vernunft in sie hineingeschrieben, sondern welche die Thatsachen lediglich nach ihren eigenen bornirten Vorstellungen von Mittel und Zweck aus- und umdeutet. Die Philosophie ihrerseits wird das Bewußtseyn vertreten, daß alles causale Geschehen nur die empirische Form ist, in welcher eine höchste Vernunft sich offenbart und daß mithin ein antiteleologischer Causalismus ebenso unberechtigt ist, wie eine anticausale Teleologie. Sie wird den Empiriker warnen, irgendwelche Einzelzwecke in unberechtigter Allgemeinheit auf das Ganze zu übertragen oder überhaupt zu glauben, daß auf dem Wege der Induction jemals der Inhalt des höchsten Weltzweckes festgestellt werden könne; sie wird die Detailforschungen der Naturwissenschaft nicht nur unter sich zu verbinden, sondern auch durch Herbeiziehung des geistigen Lebens in ein helleres Licht zu stellen suchen; sie wird ein wenn auch nicht abgeschlossenes, so doch in seinen Bestandtheilen einheitliches Weltbild unter der Voraussetzung zu zeichnen unternehmen, daß die allseitige Entwicklung und Vervollkommnung des geistigen Lebens derjenige einheitliche Zweck ist, auf den hin die Richtungslinien des empirischen Daseyns in übereinstimmender Weise zu convergiren scheinen; unter diesem Gesichtspunkte wird sie mancherlei Bedenken zu beseitigen wissen, welche auf dem Boden eines hartnäckigen Causalismus wie einer bornirten Utilitätsteleologie als unlöslich erscheinen; sie wird endlich alle diese Gedankenreihen an einen einzigen einheitlichen Punkt befestigen, dessen Giltigkeit selbst dann feststeht, wenn wir dieselbe auch nicht in allen einzelnen Erscheinungen des endlichen Daseyns wahrzunehmen vermögen, sondern durch einen nothwendigen Trieb unserer Vernunft darin vorauszusetzen bestimmt werden. Unbelehrbar indeß, wie manche Empiriker und „empirischen" Philosophen zu seyn pflegen, werden sie fortfahren, die Teleologie mit herkömmlicher Geringschätzigkeit zu behandeln, nicht etwa, weil sie im Stande sind das Princip selbst in seinen Grundlagen zu erschüttern, sondern weil die Philosophie weder im Stande sey das Ganze der Erscheinungswelt aus dem teleologischen Princip in ähnlicher Weise abzuleiten, wie die mechanische Weltanschauung die einzelnen Erscheinungen unter und von einander, noch auch in der Erklärung des Einzelnen mit wirklich neuen Aufschlüssen aufzutreten vermöge, welche die mechanistischen Theorien nach irgend einer Seite hin ergänzten oder berichtigten. Zwar den ersten Theil dieses Vorwurfes wird der Philosoph eher für ein Compliment betrachten dürfen, da wir wenigstens uns niemals anheischig gemacht haben, eine nicht vorhandene Welt zu schaffen, sondern die gegebene zu erklären und da wir auch dieses nur dahin verstanden haben, daß wir von der Erfahrung ausgehend einen allgemeinen und einheitlichen Gedanken aufsuchten, in welchem unsere Erkenntniß des Daseyns ihren endgültigen und widerspruchslosen Abschluß finden konnte, nicht aber daß wir nun umgekehrt, in der Meinung eine absolute und vollkommene, der Detailforschung in keiner Weise bedürftige Erkenntniß jenes allgemeinen Gedankens zu besitzen, die ganze Wirklichkeit aus ihm rein logisch zu deduciren vermöchten. Wenn die Philosophie unter sorgfältigster Benutzung der inductiv gewonnenen Ergebnisse theils das höchste Princip schärfer zu präcisiren und inhaltlich reicher zu fassen bemüht ist, theils die einzelnen Gebiete des Daseyns an der neu gewonnenen Einsicht Theil nehmen zu lassen wünscht: so thut sie, was ihres Amtes ist und Niemand darf sie schelten. Wenn man aber verlangt, daß sie mit absolut neuen und unerhörten Gesichtspunkten auftrete, zu denen in der Erfahrung keine Prämissen bereitliegen: da müssen ihre Vertreter gegen solche Anforderungen entschieden protestiren und darauf hinweisen, daß die Zeit vorüber ist, in der man ganze Weltanschauungen nur so aus den Fingern sog.

Was aber den zweiten Vorwurf anlangt, so leistet derselbe lediglich den Beweis, daß die, welche ihn erheben, für die eigenthümliche Aufgabe der Philosophie kein Verständniß besitzen, vielleicht auch keines zu erwerben wünschen. Nicht dazu ist die Philosophie da, daß sie den Mechanismus im Einzelnen aufzeigt, durch den der teleologische Gedanke sich selbst verwirklicht, sondern daß sie das allgemeine und einheitliche Princip auffindet, durch welches der Begriff des Mechanismus allererst seine Begründung und Bewahrheitung findet. Ohne den strengen Causalismus der empirischen Forschung ist keine Erkenntniß des Einzelnen möglich, aber ohne die abschließende und principielle Arbeit der Philosophie ist jene selbst ohne wissenschaftliche Begründung. Für den einseitigen Empiriker, der sich ausschließlich in die speziellen Details seiner Fachwissenschaft vergräbt, scheint die philosophische Principienlehre ein höchst überflüssiges Unternehmen zu seyn, da er derselben bei seinen Einzelforschungen vollständig entbehren zu können glaubt; allein in dem Grade, als er den Blick von diesen entlegenen Details auf die Zusammenhänge richtet, die sein Denken und Forschen mit den übrigen Zweigen der Wissenschaft und mit den methodologischen und erkenntnißtheoretischen Voraussetzungen alles Wissens verknüpfen, in dem Maße wird er auch die bedeutsame Stellung zu würdigen wissen, welche die Philosophie als Wissenschafts- und Principienlehre im Bewußtseyn der gebildeten Menschheit von jeher eingenommen hat. Es ist also thöricht und sinnlos zugleich der Philosophie die Unfruchtbarkeit ihrer Principien für die Einzelerkenntniß zum Vorwurf zu machen. Einzelerkenntniß ist nicht Erkenntniß schlechthin, sondern nur eine Art und eine Methode derselben. Ihr Verdienst liegt in der Erforschung der thatsächlichen Prämissen, in denen ein Allgemeines, ein Gesetz, ein Gedanke zum Ausdruck kommt. Welches aber jenes Allgemeine sey, wie es letztinstanzlich formulirt werden müsse, welches Verhältniß zwischen ihm und dem Einzelnen und Concreten stattfinde, welches die Formen und Bedingungen seyen, unter und in denen alles Erkennen überhaupt zu Stande kommt, welche Bedeutung und welcher Werth dem Einzelnen im Zusammenhange des großen Ganzen zukomme, durch welches das Einzelne erst verständlich wird, das alles sind Fragen, welche die Empirie nicht zu beantworten im Stande ist. Keinem Philosophen wird es indeß einfallen, jenes Unvermögen der Empirie als schuldbaren Mangel vorzurücken; er erkennt darin vielmehr eine nothwendige Beschränkung und eine in der Natur unseres Erkenntnißvermögens begründete Theilung der Arbeit, die zur Zeit ohne empfindliche Schädigung wissenschaftlicher Gründlichkeit nicht aufgegeben werden kann. Das wahre Ziel aller Erkenntniß ist nicht Unterdrückung der Empirie zu Gunsten abstracter Speculation, aber auch nicht Auflösung der Philosophie in die Masse des Detailwissens, sondern die Vertiefung und Begründung des Detailwissens durch die einheitlichen und allgemeinen Grundsätze alles Wissens und die Bewährung und Durchführung jener im Reichthum der empirischen Thatsachen. Dieses allgemeine Verhältniß zwischen Empirie und Speculation erledigt auch den eben berührten Vorwurf gegen das teleologische Princip. Die Erforschung der causalen Zusammenhänge der Dinge ist eine berechtigte, nothwendige und lohnende Arbeit der Empirie, aber Grund und Boden und eine wahrhaft vernünftige denknothwendige Form erhält aller Causalismus erst durch das teleologische Princip in der Gestalt des concreten absoluten Geistes; umgekehrt wird der Sinn, der Inhalt und die Tragweite der Teleologie nur in den Erscheinungen des empirischen Daseyns erkannt und gestaltet sich somit jeder Fortschritt der Empirie zu einem Beweise für die Wahrheit des teleologischen Princips.

14. Eine dritte und wie es scheint bedeutendste Schwierigkeit erwächst der Teleologie aus der Wahrnehmung, daß eine Menge von Thatsachen sich der Einreihung in den gesetzmäßigen Zusammenhang und der Ausbeutung durch irgend eine Zweckbestimmung hartnäckig widersetzen. Ja eine Masse von Erscheinungen scheint außerdem darauf hinzudeuten, daß die von uns bewiesene teleologische Einrichtung des Daseyns höchstens als allgemeiner Gesichtspunkt festgehalten, aber für die einzelnen Gebiete so wenig durchgeführt werden könne, daß dieselben vielmehr nur unter der Voraussetzung eines Mangels an vernünftiger Zweckbestimmung begriffen werden können. Bei der Lösung dieser Schwierigkeit haben wir zwei Irrwege zu vermeiden. Wir sollen uns weder mit der sogenannten Theodicee in eine Erklärung und Rechtfertigung der einzelnen hieher zählenden Thatsachen einlassen, noch mit einer gewissen philosophischen Richtung die Existenz solcher Erscheinungen schlechthin in Abrede stellen. Jenes, die philosophische Theodicee, wird immer ein mißliches Geschäft bleiben, weil, wenn die höchste Vernunft sich in der Gestaltung des endlichen Daseyns selbst nicht rechtfertigt, der beschränkte Unterthanenverstand des Menschen um so weniger zu dieser Aufgabe befähigt seyn wird. Da übrigens die Teleologie sich nur in dem Walten und Wirken des natürlichen und des geistigen Daseyns offenbart, so kann nur die fortschreitende Bewältigung des causalen Geschehens durch die Arbeit der Empirie, nicht aber ein allgemeines Gerede von göttlicher Weisheit, Heiligkeit oder Gerechtigkeit die widerspenstigen Details „unzweckmäßiger" Geschehnisse „zur Vernunft bringen".
Nicht bloß den Verstand, sondern auch das Gefühl haben aber

Diejenigen wider sich, die mit olympischer Süffisance auf die vermeintlichen Unvollkommenheiten dieses Daseyns herabsehen und mit dem Zauberwort absoluter Vernünftigkeit alles Uebel und Elend aus der Welt geschafft zu haben glauben. Durch Wen sind denn diese bevorzugten Geister in den Besitz der absoluten Sphärenharmonie gekommen und wie wollen sie die Vollkommenheit dieses Kosmos Denjenigen verständlich machen, deren Ohr nun einmal auch und vielleicht vorwiegend für Mißtöne empfänglich ist? Welchen Trost soll endlich das Gemüth aus der „speculativen" Einsicht gewinnen, daß das Elend oder Uebel nicht bloß kein wahres Elend und Uebel, sondern im Gegentheil höchst zweckmäßig und vernünftig sey, wenn uns nicht gezeigt wird, auf welchem Wege wir das sogenannte Uebel und Elend aufzuheben oder gar in ein Gutes zu verwandeln vermögen. Diesem zimpferlichen vernunftduseligen und **praktisch** unfruchtbaren Optimismus gegenüber ist die cynische Entblößung der partie honteuse der Welt durch den Pessimismus im Rechte (vgl. z. B. Hartmann: Neukant. S. 321—328). Zwischen beiden Irrwegen, der anthropomorphen Theodicee und dem abstracten Vernunftabsolutismus nimmt **unsere** Untersuchung ihren Gang, indem wir **theils** die Gesichtspunkte und Gründe prüfen, welche man der teleologischen Weltanschauung gegenüberstellt, **theils** den Versuch machen die wirklichen hierher zählenden Thatsachen **principiell** durch den oben angedeuteten Weltzweck in einer Verstand und Gemüth gleich sehr befriedigenden Weise zu begreifen.

15. Ein ganz ungenügender und undurchführbarer Standpunkt in der Beurtheilung des Weltzweckes ist **vorab** diejenige Ansicht, welche so oder anders den **Nutzen** des Menschen zum Mittel- und Zielpunkte der Weltentwicklung macht, namentlich wenn derselbe einseitig hedonistisch als sinnliches Wohlbefinden gefaßt wird. Nur eine höchst naive Generation, welche die Naturmächte nur von ihrer freundlichen und fördernden Seite erfahren und deren Wünsche über die Befriedigung ihrer nächsten und nothwendigsten Bedürfnisse und ein idyllisches Stillleben

am nährenden Busen der Natur nicht hinausgingen, konnte diesen ganzen großartigen und complicirten kosmischen Apparat auf ihre irdische Glückseligkeit abgezielt glauben. Wir wissen jetzt freilich, durch die Geschichte unserer Cultur belehrt, daß jener paradiesische Zustand in Wirklichkeit niemals existirt und daß die Wahrheit, die dem Mythos trotzdem innewohnt, in der Zukunft der Menschengeschichte in einer ganz andern Gestalt zur Erscheinung kommen wird. Indeß haben doch die Dichter jenes schönen Traumes es selbst bereits erkannt, daß diese privilegirte Stellung des Menschen im Naturhaushalte nicht in allweg gesichert sey. Der Widerstand der Natur gegen die Gebote und Bemühungen des Herrn der Schöpfung, die Unbill der Witterung und des Klimas, die Nothwendigkeit durch harte Arbeit Brod und Obdach und Kleidung zu erwerben, der unausgesetzte Kampf mit reißenden Thieren oder nicht minder verderblichen Feinden unter Seinesgleichen, Schwachheit, Hinfälligkeit, Krankheit und endlich der Tod des Körpers: das Alles mußte den naturseligen Optimismus zu einer weitgreifenden Correctur seiner Weltanschauung veranlassen. Die Fortschritte der Wissenschaft, die Einsicht in die nothwendigen und unverbrüchlichen Gesetze des Daseyns, die sich um persönliche Neigungen oder Abneigungen nichts kümmern, die Erkenntniß des Zusammenhanges menschlicher Existenz mit den übrigen Gebieten, namentlich auch mit der Thierwelt, vor allem aber auch ein gänzlich veränderter Begriff von Werth und Würde menschlicher Bestimmung leisteten das Uebrige, um dem naiven Utilismus alle Grundlage zu entziehen. Für uns genügt schon der Dualismus, an dem sie krankt, diese Art Teleologie von uns auf immer abzuthun. Wer so eifrig den Nutzen aller Dinge aufzuspüren weiß, der wird auch ihre Schädlichkeiten in Kauf nehmen müssen, und wer sich durch jenen veranlaßt findet, ein gutes Princip als Welturheber zu statuiren, wird auch der Wirksamkeit des Teufels seine Anerkennung nicht versagen dürfen. Wer so glücklich gestellt ist, daß er ohne Sorge leben kann, der wird dem Herrn Lobpsalmen singen, wer aber seinen

Kopf an den harten Kanten des Lebens stößt oder zerschellt, der mag mit gleichem Rechte Demjenigen fluchen, der ihn ohne seine Erlaubniß in diesen Jammer hineingestellt hat. Wer in geeigneter Stimmung ist, mag mit Brockes ein irdisches Vergnügen in Gott darin finden, daß er jeglicher Creatur Nützlichkeit anzugeben und zu besingen versteht; der Unmuth jenes Propheten, daß die Kürbisse vor Würmern und Sonnenhitze nicht sicher sind und die bäurische Kritik an den Früchten des Eichbaums sind indessen nicht minder passend angebracht. Es gibt indeß noch eine Mittelstimmung, mit der die meisten Menschen ihr Geschick erträglich zu machen wissen. Sie nehmen die einzelnen Dinge wie sie eben kommen, bald als Geschenke einer freundlichen, bald als Fügungen einer strafenden, im Ganzen aber unbegreiflichen Macht, der gegenüber man sich am besten jeder Einrede und jedes Zweifels begiebt. Wir wollen dieses Abfinden nicht schlechthin tadeln, aber das Wahre darin können wir doch erst dann anerkennen, wenn dieser unterwürfige Glaube seine Probe vor einer bessern Theodicee, als sie jener Standpunkt zu bieten vermag, bestanden haben wird. Vorläufig aber werden wir es uns gesagt seyn lassen, daß, so wenig das Teleologische mit dem Nützlichen, für uns Zweckdienlichen verwechselt werden darf, hinwiederum auch einzelne Schädlichkeiten und Unzweckmäßigkeiten, mithin das Meiste von dem, was man als Uebel (malum naturale) zu bezeichnen pflegt, die Grundlagen der wahren Teleologie nicht zu erschüttern vermag.

Diese letzte Bemerkung führt uns unmittelbar zu einer sorgfältigern Prüfung der Quellen, aus denen gewöhnlich die Ansichten über die mannigfachen unzweckmäßigen, ja zweckwidrigen Geschehnisse hergeleitet werden, die in der Bekämpfung des teleologischen Princips eine so wichtige Rolle zu spielen pflegen.

Als erste Quelle könnten wir wiederum die Utilitätsteleologie anführen, die gar Manches, was ist oder geschieht, nicht nach ihrem Geschmacke findet. Davon ist indeß soeben die Rede gewesen.

Als zweite Quelle betrachten wir jenen einseitigen Apriorismus in der Betrachtung und Ausdeutung der objectiven Thatsachen, der ohne genügende Kenntniß der objectiven Thatbestände sich über deren Zusammenhang und Stellung im Ganzen des Natur- und Weltlaufes seine eigenen Gedanken zurechtmacht und dann freilich durch die Empirie belehrt werden muß, daß auch die Natur sich erlaubt hat, ihre eigenen Gedanken zu haben, ohne zuerst bei irgend einem philosophischen oder unphilosophischen Systeme das Placet eingeholt zu haben. Hierher zählt insbesondere alles doctrinäre Absprechen über den höchsten Weltzweck, wobei gar nicht ausbleiben kann, daß in Ermangelung einer wirklichen und adäquaten Erkenntniß derselben die vorhandene Wirklichkeit sich gefallen lassen muß, in so mannigfacher Weise aus- und umgedeutet zu werden, als die Bestimmungen sind, die jenen Weltzweck charakterisiren. Dennoch wird es keinem dieser Prokrustes gelingen alle Thatsachen unverkürzt und unverstümmelt auf das Folterbett seiner apriorischen Theodicee zu bringen und von manchen wird er eingestehen müssen, daß sie seinem hypothetisch angenommenen Princip geradezu widersprechen. Dazu kommt, daß bei der Vielfältigkeit in der Bestimmung des obersten Weltzweckes der Widerspruch im philosophischen Lager geradezu permanent wird, indem Thatsachen, die nach dem einen Gesichtspunkte sich leidlich erklären lassen, nach dem andern in das tiefste Dunkel gehüllt bleiben. So wird die Sucht, Alles zu erklären, zu einer ergiebigen Quelle beständiger Widersprüche und für die Empiristen ein willkommener Anlaß, mit verschränkten Armen diesem Selbstzermalmungsproceß der Speculation zuzusehen, dessen endgültiges Ergebniß nach dem Sprichwort duobus litigantibus tertius gaudet doch nur den geschwornen Gegnern aller Teleologie zu Gute kommen kann. Mit der bescheidenen Einsicht, daß wir wohl den einen oder andern Gesichtspunkt aufzustellen vermögen, den wir vernünftiger Weise wohl als Mittel- und Zielpunkt der Entwicklung dieses raum-zeitlichen Daseyns betrachten dürfen, ohne uns aber ein weitertragendes Urtheil über die absolute Bestimmung der ganzen universellen Entwicklung des Seyenden erlauben zu wollen, würde dem vorgenannten Uebelstande auf immer abgeholfen seyn. So aber ist der Mensch. Wiewohl er recht wohl weiß, welches in diesem großen und vielverzweigten Ganzen seine eigene Stellung und Bestimmung ist und wiewohl die Einrichtung des Ganzen wenigstens faktisch derart ist, daß jener menschliche Zweck auch wirklich erreicht werden kann: so läßt er das eine Nothwendige bei Seite liegen, um sich in unfruchtbare Grübeleien über Dinge zu verlieren, die ohne klare Erfassung und treue Erfüllung jener für gering geachteten menschlichen Zwecke gar kein Interesse haben können. Darum haben wir es aber auch in unseren Tagen an der Erscheinung des **Pessimismus** erlebt, daß die scharfsinnigsten teleologischen Untersuchungen, weil ihnen der Boden **sittlichen Verständnisses** abgeht, mit einem für den Endzweck des Einzelnen wie des Ganzen durchaus negativen Resultate abgeschlossen haben. Der pessimistische Mensch hat an seiner Seele Schaden gelitten, darum kann es ihm Nichts helfen, wenn er auch wissenschaftlich die ganze Welt gewänne.

Sehr häufig wird **endlich** zu einem fruchtbaren Boden für mannigfaches Irrereden über angeblich zweckwidriges Seyn und Geschehen, was in richtiger Würdigung der Anlaß seyn könnte, über diese beschränkte Auffassung der Dinge uns zu erheben: die Mangelhaftigkeit unserer Einsicht in den Gesammtzusammenhang der Geschehnisse und die Einseitigkeit und Isolirtheit der Gesichtspunkte, die wir zur Beurtheilung der uns zugänglichen Thatsachen verwenden.

Wir haben schon öfters hervorgehoben, daß wir uns mit der Vorstellung des Weltdaseyns als einer Summe blind wirkender Kräfte und deren mechanischer Effecte nicht befreunden können; wir haben vielmehr den Nachweis geleistet, daß wir von jedem Punkte des Weltganzen aus, sofern wir denselben nur in den Zusammenhang des Seyns und Geschehens einreihen, zu einer einheitlichen und allumfassenden Ursache gelangen, welche jeden Bestandtheil des Daseyns mit Rücksicht auf die übrigen angeordnet hat und so die Einheit und den Zusammenhang der Welt, mithin die Idee eines Weltganzen allererst begründet. Offenbar steht eine solche Ursache, wenn wir sie zugleich als denkende und erkennende fassen, zu der Welt in einem ganz andern Verhältnisse, als der menschliche Geist. Uns ist immer nur ein Theil und zwar ein geringer Bruchtheil aller wirkenden Ursachen bekannt und demgemäß vernehmen wir von der Harmonie des Weltconcertes stets nur diejenigen Stimmen, denen wir gerade unsere Aufmerksamkeit zuzuwenden im Falle sind. Jener höchste Geist aber würde, dem Bilde treu geblieben, dem Dirigenten gleichen, der das Ensemble aller Stimmen vollständig beherrscht und überschaut, den wir aber nur in den Leistungen derjenigen zu ahnen vermögen, die uns die Gunst oder die Ungunst der Umstände zugekehrt hat. Bei der ungeheuern Vielheit und Mannigfaltigkeit der Weltbestandtheile und damit ihrer relativen Selbstständigkeit kann es ferner leicht geschehen, daß einzelne Causalreihen mit besonders mächtiger Wirksamkeit vor den übrigen heraustreten und diejenige Constellation des Weltlaufes, welcher wir oder andere unseres Geschlechtes angehören, in Aufruhr und Verwirrung bringen. Wir rechnen z. B. dahin alle jene ungeheuern Katastrophen in der Natur oder im Menschenleben, welche mit der blinden Wuth eines Augenblickes alles das zerstören, woran die Kräfte der Natur oder der menschliche Fleiß Jahrhunderte und Jahrtausende lang gearbeitet haben. Selbst der ruhigste und bedächtigste Denker empfindet in solchen Augenblicken ein Grausen vor der widerstandslosen Gewalt dieser irrationalen Mächte, welche anscheinend auch die gutmüthigste und indulgenteste Theodicee über den Haufen wirft, zugleich mit dem stillen Wunsche einer Weltordnung anzugehören, in welcher die Befehle einer höchsten Vernunft eine strictere Geltung besitzen. Allein abgesehen davon, daß wir in solcher Beurtheilung der Sachlage von dem Ideal einer vollkommenen Weltordnung ausgehen, die wir durchaus nicht zu rechtfertigen und von der wir nicht einmal zu beweisen vermögen, daß sie wirklich eine höhere Vollkommenheit involviren würde, als die

gegenwärtige mit ihren „Unvollkommenheiten" und „Unzweckmäßigkeiten": gleichen wir nicht auch hier wieder jenen Zu-
hörern einer musikalischen Production, welche so ungünstig gestellt
sind, gerade gewisse dissonirende Passagen ohne deren Auflösung
zu vernehmen und somit des Verständnisses ihrer Stellung und
Bedeutung für die gesammte Composition verlustig gehen. Daß
aber auch dieser scheinbar abnormalen und irrationalen Bethätigung einzelner Causalreihen eine zum Bestande und zur Erhaltung des Ganzen nothwendige Bedeutung nicht a priori
abgesprochen werden kann, ergibt sich schon daraus, daß jener
Gesammtbestand darunter nicht leidet, daß es keine Ereignisse
gibt, welche in allem und jedem Sinne anticausal, damit aber
auch zugleich antiteleologisch wären, daß es der Wissenschaft
früher oder später gelingt, uns durch Nachweis der größern
Zusammenhänge von jener beschränkten Ausbeutung einzelner
Thatsachen zu befreien und daß es nicht selten der freien
Thätigkeit des Menschen überlassen ist, jene anscheinend so
zweckwidrigen Vorkommnisse im Dienste offenbar guter und vernünftiger Zwecke zu verwerthen. Wir sind freilich weit entfernt,
mit diesen Bemerkungen die Herrschaft des absoluten Zweckes
auch für jene einseitigen Kundgebungen des Weltmechanismus
beweisen zu wollen; vielmehr haben wir ja gleich Anfangs
erklärt, daß unser beschränkter Gesichtskreis und unsere isolirte
Stellung im Ganzen uns hindert, die Dinge so zu beurtheilen,
wie sie dem königlichen Nus erscheinen müssen, vor dem und
für den es keine Verwicklungen gibt, außer in Hinsicht auf
eine endgültige Lösung, der nach dem Ausspruche des stoischen
Dichters das Uebel so mit dem Guten gemischt hat, daß ewig
Eine Vernunft sich durch das Ganze hindurchzieht (Kleanthes
bei Stob. Ecl. I. p. 30 v. 20. 21). Wer sich bei dieser Entscheidung nicht zu beruhigen vermag, der ist daran zu erinnern,
daß Bescheidenheit, nicht sattes Alleswissen das Attribut jedes
wissenschaftlichen Strebens ist, welches bis an die Grenzen und
auf den Grund der Dinge vorgedrungen ist.

III.

16. Wäre unser Interesse am Weltdaseyn ein bloß theoretisches, verlangten wir bloß die Dinge und Thatsachen in ihrer Wahrheit, in ihrem Zusammenhang und in ihren Beziehungen zu erfassen und diese Erkenntniß zu einem einheitlichen Systeme der Wissenschaft abzuschließen: so würde das am Schlusse des letzten Abschnittes geäußerte Geständniß des Nichtwissens den naturgemäßen Schluß der ganzen Untersuchung zu bilden haben. Allein dem ist nicht so. Wir betrachten es allerdings als einen fühlbaren Mangel, wenn einzelne Punkte oder ganze Gebiete des Daseyns für unser geistiges Auge in Dunkel gehüllt bleiben und verrathen dadurch eine lebhafte Antheilnahme an der wissenschaftlichen Durchdringung der Welt als eines Ganzen. Allein selbst hier ist es nicht bloß der Trieb nach dem Wissen um des Wissens willen, sondern das Bewußtseyn, daß wir in einem werthvollen Gute geschädigt sind und hinter unserer Bestimmung zurückbleiben, was uns das Geständniß des Nichtwissens so sauer macht. Aus demselben Grunde aber begrüßen wir jede Bereicherung und jede Vertiefung unserer Einsicht als einen Triumph des menschlichen Geistes, als ein Zeugniß für die Gültigkeit seiner wissenschaftlichen Grundsätze und Methoden und als einen Beitrag zur Erkenntniß seiner selbst, seiner Stellung, Bedeutung und Bestimmung im Weltganzen. So genügt es denn uns auch keineswegs zu wissen, daß die Welt nicht die Summe mechanischer Effecte, nicht das Werk des vernunftlosen Zufalls, sondern einer höchsten Vernunft ist, welche die Beschaffenheiten und den Connex der einzelnen Dinge so geordnet hat, daß sowohl der Bestand und die regelmäßige Entwickelung, als auch das endgültige Ziel des Universums für immer gesichert bleiben. Das Daseyn ist mit Einem Worte nicht lediglich ein Rechenexempel für die theoretische Vernunft, das gelöst seyn würde, wenn man die Ursachen alles Seyns und Geschehens erkannt, alle Bedingungen und Zusammenhänge nachgewiesen, alle Dinge und Geschehnisse in ihren durch die Gesammtentwickelung bedingten Platz hineingestellt, endlich den

Hervorgang alles Endlichen aus einem allbedingenden Urgrunde deutlich gemacht hätte. Für den ganzen ungestückten Menschen handelt es sich vor allem darum, ob jene Vernunft, welche die Teleologie an die Spitze der Weltordnung stellt, eine **ethische Macht** ist, welche das Daseyn auf die Verwirklichung guter und werthvoller Zwecke eingerichtet hat, ob jene erhabene Intelligenz den Willen und die Kraft besitzt, diesen ethischen Zweck in der Entwickelung des Universums zu realisiren, ob sie auch dem Menschen den Beruf und die Fähigkeit sittlichen Strebens in das Herz gelegt und ob endlich, wenn Alles dieses zutrifft, das Verhältniß des natürlichen und des sittlichen Daseyns derart geordnet ist, daß das von ihr selbst uns eingeflößte Bedürfniß nach Glückseligkeit befriedigt werden und das Leben uns im Großen und Ganzen als ein Gut erscheinen kann. Es ist kurz gesagt die Idee einer **sittlichen Weltordnung** und eines **sittlichen Weltlenkers**, in welcher der Begriff des absoluten Geistes und der teleologischen Weltanschauung sich abschließt und vollendet.

17. Inhalt und Forderungen einer sittlichen Weltordnung sind in neuerer Zeit, theils im Kampfe gegen den Pessimismus (in den Arbeiten von Pfleiderer, Haym, J. B. Meyer, Weygoldt, Huber, v. Golther u. A.), theils in monographischer Bearbeitung (namentlich von M. Carriere) so eindringlich dargelegt worden, daß wie uns hier, lediglich zur Vervollständigung unserer Untersuchung, auf die Skizzirung der Hauptpunkte beschränken dürfen.

a) Eine sittliche Weltordnung ist nur denkbar unter der Voraussetzung, daß der absolute Geist der Teleologie zugleich der höchste sittliche Gesetzgeber sey, der in allem Daseyn und Geschehen durch seinen schöpferischen Willen ein unendliches Gutes und Werthvolles zur Verwirklichung bringt. Innerhalb dieses universalen Weltzweckes, der keiner dialektischen Formel erreichbar ist, erkennen wir es als **menschliche** Bestimmung in unbedingter Hingabe an das im Gewissen sich offenbarende Gesetz die natürlichen Verhältnisse und Antriebe zu Behikeln geistigen Fortschrittes und unsern Geist an sich wie in der menschlichen Gemeinschaft zum Träger und Urheber von Thaten durch Freiheit, d. h. durch Selbstbestimmung, lediglich nach Motiven der Pflicht und des Gewissens zu machen.

b) In dieser sittlichen Weltordnung kann dem mechanisch-causalen Geschehen keine absolute selbstständige Stellung zukommen. Die Natur muß vielmehr so eingerichtet seyn, daß in und an ihr der sittliche und sittigende Geist des Menschen sich bethätigen und in seiner Bethätigung von Erfolg begleitet seyn kann. Wie groß auch die Kluft sey, welche Natur und Geist, mechanisches Geschehen und Selbstbestimmung scheidet, in der Idee des sittlichen Endzieles müssen Beide zusammentreffen. Die Freiheit muß die Natur kraft sittlicher Impulse gestalten, die Natur muß die Freiheit anregen und ihr den Stoff für die sittliche Arbeit, das „Material der Pflichterfüllung" darbieten.

c) In der absoluten Realität des Endzweckes ist die Sicherheit seiner Verwirklichung, in dem gegenwärtig bestehenden weiter nicht ableitbaren unadäquaten Verhältniß zwischen natürlichem Geschehen und sittlichem Endzweck die menschliche Freiheit zunächst als Freiseyn vom Zwange der natürlichen Triebe, dann aber auch als Bestimmung durch sittliche Beweggründe grundgelegt. In der Unangemessenheit der natürlichen zum sittlichen Beweggrunde liegt aber auch die Möglichkeit des Bösen als der Bestimmung des Handelns durch natürliche Beweggründe gegen die sittlichen eingeschlossen. So realisirt sich der Endzweck nicht allzumal in einem stetigen und zusammenhängenden Ganzen, sondern in einem Prozeß der Entwicklung des zur Freiheit sich emporarbeitenden Geistes. Wir haben kein Recht eine solche Verwirklichung des Endzweckes einer geradlinigen und stetigen Ausbreitung des sittlichen Reiches gegenüber als unvollkommen zu bezeichnen — denn unsere ethischen Maßstäbe und Werthschätzungen verlieren ihre spezifische Bedeutung, wenn sie von einem kleinen Ausschnitte des Daseyns auf das Weltganze übergetragen werden — noch steht es uns zu die Grenzen und die endgültigen Formen des ethischen Prozesses festzustellen. Was wir wissen und woran wir dem Augenscheine zum Trotz glauben, ist dies, daß der göttliche Weltplan langsam und unmerklich, aber sicher und bestimmt und allem Widerstand zum Trotz in Erfüllung geht. Eine Kritik des Weltlaufes wie die skeptische Verzweiflung an der providenziellen Leitung desselben ist gleich unzulässig, weil beide aus den gegebenen Einzelprämissen auf den Werth oder Unwerth eines nicht gegebenen Ganzen schließen. Die Mittelstimmung zwischen beiden können wir die religiöse nennen, welche das gegebene individuelle Daseyn als Gelegenheit zur Vervollkommnung betrachtet und behandelt, für die unerschlossenen und unenträthselbaren Gebiete der Weltentwickelung aber sich auf die vertrauende Hingabe an die ewige Weisheit und Macht zurückzieht, deren Walten keinem verborgen bleibt, der sie nicht im Gewühle und Getöse der mechanischen Verwirklichungen aufsucht, sondern in der Stille des Gemüthes und in der Aufrichtigkeit sittlicher Begeisterung erlebt. Das ist die Wahrheit jener Weltanschauung, die wir oben schon als Grundstimmung der Menge von utilistischem und fatalistischem Beiwerk verunstaltet fanden.

d) Die aus der Sprache der religiösen und mythologischen Vorstellungsweise entnommene und in die Speculation eingeschmuggelte dualistische Trennung einer guten und bösen Substanz, Natur, eines guten und bösen Princips oder wie man sich sonst ausdrücken mag, ist ebenso unzulässig, wie die Erklärung des Bösen als bloßer Privation oder Erscheinung am Guten. Jener Dualismus widerspricht der absoluten Realität des höchsten Endzwecks, der durch eine entgegenstehende Substanz des Bösen aufgehoben würde, diese Abschwächung des Bösen zu einer bloßen Negation steht im Widerspruch zu seiner thatsächlichen Macht und Geltung; die Auffassung endlich, als sey das Böse eine Erscheinung am Guten, ist entweder eine logische Confusion, da eine (stricte gedachte) gute Substanz unmöglich sich selbst aufhebende Merkmale haben kann, oder sie läßt uns über den Begriff des Guten, das zugleich böse Erscheinungen haben soll, mithin über das gegenseitige Verhältniß Beider im Unklaren. Die Wahrheit ist vielmehr die, daß Gut und Böse als gegensätzliche Faktoren lediglich Attribute und Thätigkeitsformen des menschlichen Geistes bedeuten, sofern derselbe in seiner Gesinnung und in seiner Handlungsweise sowohl durch die natürlichen Motive der Lust, der Unlust, der Affecte und Triebe, als auch durch den Impuls des sittlichen Gesetzes bestimmt ist. Diese Bestimmung durch Heteronomie und Autonomie ist aber wenigstens in dem gegenwärtigen Daseyn derart, daß keine Gesinnungsweise und keine Handlung angetroffen wird, in der nicht beiderlei Motive wirksam sind. Es gibt keinen Menschen, in welchem das absolut Gute, und keinen, in dem das absolut Böse substanziell verkörpert wäre. Es gibt überall nur ein Vorwiegen des einen Motivengebietes über das andere und so nennen wir denn a potiori den einen Menschen oder eine seiner Handlungen gut, den oder die andere böse. Der Charakter des menschlichen Ethos ist nicht unveränderte Güte, noch unveränderliche Bosheit, sondern ein beständiger Kampf zwischen beiden und im günstigen Falle ein Sieg, im ungünstigen eine Niederlage des Guten. Nur für die **gegenwärtige Ordnung der Dinge**, welcher wesentlich eine bedeutsame Unangemessenheit der heteronomen Motive zu den sittlichen Impulsen eigenthümlich ist und für den an einzelnen empirischen Thatsachen haftenden Blick erscheint das Böse als eine dem Guten **substanziell** und ebenbürtig entgegenstehende Macht; in Hinblick auf den absoluten Endzweck aber und im Verlaufe der Entwicklung sinkt es immer mehr zu einem verschwindenden Momente herab und bleibt zuletzt nur noch als die allem Endlichen als solchem anhaftende natürliche Beschränktheit bestehen, welche nur mit der Vernichtung des endlichen Charakters aufgehoben würde. Diese aus dem Begriffe des absoluten Endzwecks sich ergebende Behauptung rechtfertigt sich dem genauen Beobachter bis auf einen gewissen Grad bereits innerhalb des gegebenen Daseyns. Alles Böse, d. h. alle vorwiegend unethischen Bestrebungen der Menschen heben sich theils selbst auf, sey es durch die ihnen inhaftende Tendenz der Selbstsucht, der Isolirung, der Zwietracht, sey es durch ihre zerstörenden Folgen im Einzelnen und in der Gesellschaft, sey es durch das Schuldbewußtseyn und die Gewissensbisse, theils wird es von dem Guten bekämpft und indirect zur Förderung und Weckung sittlicher Mächte verwendet. So bietet das Weltganze im Großen und Ganzen das Schauspiel des Selbstvernichtungsprozesses des Bösen, als dessen positiver Ertrag das Gute, das durch den Endzweck Gewollte, allein ewig und unvergänglich erhalten bleibt. Man kann daher allerdings sagen, das Gute sey das allein Substanzielle und Principielle, aber in der Form des gottgewollten Endzwecks, während das menschlich Gute nur in einer durch widerstrebende Factoren gehemmten ethischen Arbeit und Vervollkommnung Realität hat. Durch diese Unterscheidung werden die oben gerügten Irrthümer endgültig überwunden.

e) Wie das Böse, so ist auch das Uebel in die sittliche Weltordnung aufgenommen und verliert in ihr den giftigen Stachel, durch den es den natürlich gesinnten, von heteronomen Motiven beherrschten Menschen verwundet. Alles Uebel trifft nur den sinnlichen natürlich gesinnten Menschen und diesen um so härter und vernichtender, je schwächer in ihm die sittlichen Impulse wirksam sind. Der sittliche Mensch dagegen wird freilich nicht umhin können der menschlichen Schwäche und Bedürftigkeit seinen Zoll zu entrichten, denn er steht mit seinem ganzen äußern Daseyn in einer Naturordnung gegründet, die ihn völlig gleich wie jedes andere Naturwesen behandelt, allein er besitzt theils in der Einsicht in dieses unvermeidlich allem Endlichen aufgelegte Verhängniß, theils in der Ueberzeugung der bloß endlichen und vorübergehenden Bedeutung alles Uebels, theils in der Kraft des sittlichen Wollens und der Aussicht auf einen unvergänglichen Weltberuf die Mittel, die herben und drückenden Wirkungen solcher Vorkommnisse aufzuheben und die gleichmäßige Ruhe des Gemüthes als die zum sittlichen Handeln geeignetste Stimmung wieder herzustellen. Außerdem kann das Meiste von dem, was Uebel genannt wird, so oder anders der Hebung und Befestigung unseres innern und höhern Menschen

dienſtbar gemacht werden. So begleitet es als unvermeidliche
Enttäuſchung und Ernüchterung den Genuß ſinnlicher Güter
und überzeugt uns daher eindringlich von ihrer Nichtigkeit und
von der Thorheit, ſie als Selbſtzweck zu gebrauchen. Es iſt
ein nicht zu unterſchätzendes Verdienſt des modernen Peſſimis-
mus, den Nachweis geleiſtet zu haben, „daß die Luſt als
Lebensprincip und Motiv des Handelns angeſehen eine größere
Summe von Unluſt als von Luſt zur Folge hat, er hat die Ueberzeugung geweckt, daß, wenn ich zum Zweck meines Lebens die
Luſt wähle, ich unbedingt, je länger ich lebe, deſto mehr zu der
Erkenntniß kommen muß, daß das Leben ein Leiden und die
ganze Welt beſſer nicht ſey" (J. Rehmke: Die Philoſ. des
Weltſchmerzes, 1876, S. 37). Es wirft den Menſchen un-
erbittlich aus allen Poſitionen heraus, darin er lediglich die
eigenen Intereſſen ſucht und mahnt ihn zur ſolidariſchen Ver-
bindung ſeiner Beſtrebungen mit den Zwecken der Geſellſchaft
(wer denkt hier nicht an die furchtbaren Erſcheinungen des
Socialismus und das Elend der wirthſchaftlichen Kriſis, die
ihren Urſprung lediglich dem unbändigen und gewiſſenloſen
Jagen nach Beſitz und Genuß zu verdanken haben). Es bildet
ein wirkſames Schutzmittel gegen die verwöhnenden und ver-
weichlichenden Folgen eines lange anhaltenden Glückes, dem
Capua der Geiſter, und erneuert ſo von Zeit zu Zeit die Mah-
nung, daß nicht Genuß und läſſige Ruhe, ſondern Kampf und
Arbeit: διὰ πόνων τὰς ἀρετὰς κτᾶσϑαι menſchliche Beſtimmung
ſey. Es macht in Geſtalt der Noth und des Bedürfniſſes den
Menſchen erfinderiſch und betriebſam; es weckt ſeine Intelligenz,
ſtählt ſeinen Willen und lehrt ihn durch eigene Kraft erringen,
was die Ungunſt der Verhältniſſe oder die Kargheit der Natur
ihm verſagt haben. So erweiſt ſich das Uebel als ein förbern-
der und erziehender Factor im Leben des Einzelnen wie der
Völker und als eine wenn auch ſcharfkantige und ſteile Staffel
zum wahren und dauernden Glücke eines pflichtmäßigen Lebens.
Wohl wiſſen wir, daß es nicht ſelten Uebel gibt, welche ſo tief
und zerſtörend auch in das geiſtige Leben eingreifen, daß wir

wenigstens ihren Ausgleich mit der sittlichen Bestimmung weder herzustellen noch einen solchen zu entdecken vermögen. In diesem Falle bleibt uns die Auskunft übrig, daß die Anordnungen einer höchsten Weisheit darum nicht erfolglos, und ihre Ziele nicht unerreicht bleiben, ob sie gleich in dieser sichtbaren Ordnung der Dinge nicht zu ihrem Abschlusse gelangen. Es ist dies keineswegs der verzweifelte Ausweg eines blinden Glaubens, sondern der Ausdruck eines wohlbegründeten Vertrauens auf die universale Geltung des Weltzweckes, die wir auf dieses empirische Weltdaseyn zu beschränken nicht das mindeste Recht haben (vgl. Huber: Pessimismus S. 118 fg.). Ueberhaupt aber darf bei einer philosophischen Betrachtung des Uebels der Hauptgrundsatz niemals außer Acht gelassen werden, daß wir nicht durch Abschwächung, Verkleinerung und Ableugnung wirklich vorhandener Mißverhältnisse das Phantom einer „besten Welt" hervorzuzaubern, die weder wirklich existirt, noch auch nur in Gedanken nach festen Grundsätzen entworfen werden kann, sondern daß wir lediglich nachzuweisen haben, wie selbst in dieser von Uebeln aller Art bedrückten und bedrängten Welt das einzig wahre menschliche Gut, die sittliche Vollendung der Persönlichkeit, erreicht werden kann. Der alte, mehr oder minder eudämonistische und darum utopistische Optimismus muß durchaus einem ethischen Optimismus weichen, nach welchem die Welt gerade so gut ist, als wir sie dazu machen wollen.

f) Das Verhältniß zwischen Sittlichkeit und Glückseligkeit kann nur unter der Bedingung zutreffend gefaßt werden, wenn wir unterscheiden zwischen der Glückseligkeit aus Sittlichkeit (εὐπραγία) und der Glückseligkeit aus äußern natürlichen Fügungen (εὐτυχία). Diese Unterscheidung gründet sich auf die Thatsache, daß die Naturordnung, von welcher unser leibliches Leben und damit unser sinnliches Wohlseyn abhängt, von andern Gesetzen beherrscht ist, als das Reich des Geistes und der sittlichen Freiheit, daß daher ein derartiger Connex zwischen beiden Gebieten nicht stattfinden kann, durch welchem mit unsittlicher Gesinnung eo ipso auch sinnliches Unglück, Atychie, mit sittlicher Gesinnung aber sinnliches Wohlseyn, Eutychie, verbunden wäre. Einen solchen Ausgleich oder eine solche „Vergeltung" des Guten und des Bösen sey es im Diesseits oder im Jenseits zu verlangen, involvirt einerseits eine Verkennung der faktisch bestehenden gesetzlich geregelten Entwicklung des Naturdaseyns, das nicht zu unserm Nutzen und nicht zum eudämonistischen Wohlseyn, sondern auf unsere sittliche Selbstverwirklichung abgezweckt ist, andererseits eine offenbare Unkenntniß von Wesen und Stellung der Sittlichkeit, die ihre Bedeutung und ihren Werth, mithin auch ihre eigenthümlichen beseligenden Folgen in sich selber trägt und das Glück nicht von einer Quelle zu borgen braucht, die für Unsittlichkeit gar keine adäquate Strafe, für Sittlichkeit gar keine ebenbürtige Belohnung zu bieten vermag. Mit Recht hat bereits J. G. Fichte darauf hingewiesen, daß, wenn die ganze Absicht unseres Daseyns darauf ginge einen irdischen Glückszustand unseres Geschlechtes hervorzubringen, es dazu lediglich eines unfehlbaren Mechanismus bedürfte, der unser äußeres Handeln bestimmte und in dem wir nicht mehr zu seyn brauchten, als der ganzen Maschine wohleingepaßte Räder. Die Freiheit wäre dann nicht bloß vergebens, sondern sogar zweckwidrig; der gute Wille vollkommen überflüssig. Die Freiheit und der sittliche Wille, in einem solchen Glückszustand mit vollständiger Correspondenz des Handelns und des äußern Geschickes überflüssig und zweckwidrig, beweist mithin die selbstständige Geltung eines sittlichen Gesetzes, dessen Inhalt um jeden Preis, auch ohne eudämonistische Folgen realisirt werden muß (W. W. II. 281 fg.). Wer daher glaubt, daß Eupragie und Eutychie (und Unsittlichkeit und Atychie) sich gegenseitig voraussetzen oder wer gar den Gehorsam gegen das sittliche Gesetz von der Vergeltung der sittlichen Handlungen durch entsprechendes Wohlseyn abhängig macht, der beweist dadurch nur, daß er die absolute Geltung des Sittengesetzes und den innern selbstständigen Werth des Ethos gar nicht anerkennt. Im Gegensatz zu diesen Mißverständnissen, die trotz alltäglicher Widerlegung durch die Erfahrung nur um so hartnäckiger festgehalten werden, haben wir den Eingangs gemachten Unterschied bis in die letzten Consequenzen durchzuführen.

Wie die Sittlichkeit ein Gebiet von eigenthümlichem und selbstständigem Werthe umfaßt, dessen Verwirklichung durch äußere Factoren nur begünstigt, durch die autonome Freiheit des Subjectes allein positiv vollzogen werden kann, so führt sie auch das Bewußtseyn einer ganz eigenthümlichen **Förderung und Befriedigung**, eine spezifische Affection des Gemüthslebens mit sich, die als die dem Sittlichen immanente und eben darum auch als **wahre und bleibende Glückseligkeit** empfunden wird. Im Einzelnen kennzeichnet sich dieses Gefühl als eine innere Ruhe und einen tiefen Frieden der Seele, „den die Welt nicht geben kann", als Erhebung über die zufälligen Geschicke und Mißgeschicke des äußeren Weltlaufes, als Muth und Kraft zum Leben und zum Wirken, als Hoffnung auf eine wirksame Fortdauer und einen unvergänglichen Werth seiner sittlichen Bestrebungen. Es ist jedoch genau zu beachten, daß diese Glückseligkeit an die Bedingung einer wahren Sittlichkeit, d. h. einer solchen geknüpft ist, die alles Heteronome und Eudämonistische von sich ausschließt, mithin das Gute lediglich aus Liebe zum Guten wirkt. Wollte daher Jemand jene Glückseligkeit zum Ziele und die Sittlichkeit zum Mittel machen, so würde er eben damit die wahre Sittlichkeit und damit auch ihre Folge, die wahre Glückseligkeit, vernichten. Es ist daher ein Widerspruch und eine Unmöglichkeit um der Glückseligkeit willen sittlich zu seyn. Daher konnte Spinoza sagen: beatitudo non virtutis praemium, sed ipsa virtus, d. h. nicht ein äußerer, von der Sittlichkeit ablösbarer und lediglich auf Willkür und Convenienz beruhender Lohn (wie etwa der Kampfpreis des Siegers), sondern eine innere untrennliche Folge, die mit der Liebe zum Guten um des Guten (nicht um eines davon verschiedenen Lohnes) willen unzertrennlich verknüpft ist. Es gilt daher für den Besitz des wahren Glückes der Satz, daß der Mensch gerade so glücklich ist, als er gut ist, und daß „im sittlichen Leben Jeder genau so viel Gutes empfängt, als er verdient" (Lipsius ev. prot. Dogm. S. 321). Dasselbe gilt von der Unglückseligkeit als Folge oder Strafe einer unethischen Gesinnung. Alles Unsittliche trägt in sich selbst als Strafe das Bewußtseyn des verletzten Gesetzes, der Schuld, die nagende Reue und die Vorwürfe des Gewissens, die Unzufriedenheit mit sich selbst und das Zerwürfniß mit den Bessern, die Vereinsamung seiner Person und seiner Bestrebungen, die Abnahme des Lebensmuthes, die Abspannung der geistigen Kraft und die wachsende Ueberzeugung von der Nichtigkeit und Erfolglosigkeit des gelebten Lebens. Nach dieser Erörterung kann es nun nicht mehr auffällig erscheinen, noch als Einwand gegen die sittliche Weltordnung vorgebracht werden, wenn die irdischen Geschicke der „Guten" und der „Bösen" mit ihrem sittlichen Verdienst oder Mißverdienst in keinem entsprechenden Verhältnisse stehen. Eine solche Uebereinstimmung ist weder möglich, noch im Interesse des sittlichen Fortschrittes auch nur wünschenswerth. Der wahrhaft gute Mensch wird sich daher auch durch die blendendste Außenseite des sog. Glückes des Bösen nicht bestechen lassen, noch wird er auch nur einen Augenblick im Ernste mit seinem Loose tauschen wollen. Und wenn es auch andererseits wünschenswerth ist, daß ein bescheidenes Maß äußerer Güter zur freundlichen Ausstattung unseres humanen Daseyns (daher von Aristoteles χορηγία genannt) sowie als Mittel und Basis unserer sittlichen Arbeit vorhanden sey, so bleibt doch immer diese letztere der Hauptzweck, jenes Mittel zum Zweck und es ist eine große und des menschlichen Geistes würdige Kunst, das normale Verhältniß zwischen den äußern Glücksgütern und unserm obersten Endzweck stetsfort im Auge zu behalten, damit sowohl das niedrige und unedle Streben nach jenen untergeordneten Werthen, als auch eine cynisch-asketische und inhumane Verachtung und Geringschätzung derselben vermieden bleibe.

g) Noch bleibt der Wissenschaft ein letztes Wort zu sprechen übrig, mit welchem sie indeß das Gebiet der dialektischen Erörterung überschreitet und sich an das praktische Leben wendet, in welchem die wissenschaftlichen Ueberzeugungen ihren Gehalt bewahrheiten sollen. Wie nämlich nach einem bekannten Worte Fichte's nicht Wissen, sondern nach dem Wissen Thun unsere Bestimmung ist (W. W. II. 249), so muß sich jede, auch die teleologisch-ethische Weltanschauung in der ethisch-praktischen Welt- und Lebensgestaltung vollenden. Jene Theorie bleibt immer nur ein todtes Wort, so lange sie auf dem Gebiete des dialektischen Räsonnements sich bewegt. Wir halten ihre Bestandtheile für wahr und wir zweifeln nicht an der Sicherheit ihrer Ergebnisse, aber wir glauben an ihren Inhalt nicht mit der Wärme unserer persönlichen Ueberzeugung; sie hat für uns die Bedeutung der glücklichen Lösung eines peinlichen Räthsels, aber ohne Einfluß auf die Führung unseres Lebens verliert sie auch an Werth und damit an der Ueberzeugungskraft ihrer Ergebnisse, die wir durch scharfsinnige Argumente ihr zu sichern bemüht waren. Was kann uns der Nachweis der Vernünftigkeit in Natur und Menschenleben helfen, wenn sich diese Vernunft nicht allen einzelnen Geschicken als die lebendige Macht erweist, die uns das Höchste, die Erreichung unseres sittlichen Zieles, die Zufriedenheit und das Glück unseres Herzens sichert? Was haben wir davon, wenn der grübelnde Scharfsinn die Tiefen und Abgründe des Weltdaseyns in seinem mechanischen Getriebe beleuchtet, wenn er uns den Weg nicht weist, der über die starre Nothwendigkeit in das Gebiet der Freiheit führt, in der wir als Wesen mit unvergänglichen Zielen dem Untergang des natürlichen Menschen unerschrocken entgegensehen? Was soll all' jenes von des Gedankens Blässe angekränkelte Räsonniren über eine ewige vorsorgliche Weltleitung, die das Daseyn durch alle Mängel und Unvollkommenheiten hindurch zum festgesetzten Ziele führt, wenn die täglichen Vorkommnisse des Lebens uns unbewaffnet, kleingläubig und schwachmüthig finden und unsere Handlungen jene erhabenen Grundsätze Lügen strafen? Eben darum ist die Einführung der Grundsätze einer teleologisch-ethischen Weltanschauung in das praktische

Leben eine nothwendige Ergänzung der Wissenschaft selbst und eine Forderung, von deren Erfüllung eine gesunde und allumfassende Weltanschauung, die den Weltlauf nicht bloß zu berechnen, sondern auch zu verstehen und zu würdigen weiß, allererst bedingt ist. Die endgültige Lösung der teleologischen Frage ist eine Lösung vom Standpunkte der Ethik und die Lösung der ethischen Frage ist die Aufgabe des täglichen Lebens. Derjenige hat den tiefsten Sinn der Teleologie begriffen, der ihren Inhalt in der Hochhaltung der idealen Güter der Menschheit, in der Strenge des pflichtmäßigen Handelns und in der gewissenhaften Gestaltung aller seiner Lebensverhältnisse miterlebt. **Nichts Unlebendiges und nichts Ungewisses hat die Teleologie für Denjenigen, der ihre Wahrheit im Leben des Geistes und in dem Reiche des Gewissens selbstthätig hervorbringt.**

Nachschrift. Am Schlusse des vorliegenden Aufsatzes muß ich nothwendig die Notiz beifügen, daß derselbe bereits aus dem Jahre 1877 datirt. Es darf deshalb nicht befremden, wenn ich in den früher oder später zu veröffentlichenden Schriften das Verhältniß des endlichen Denkens zur Erkenntniß des absoluten Prinzips etwas anders bestimmen werde, als es S. 12 fg. des vorliegenden Aufsatzes geschehen ist. Offenbar aber kann und muß dies geschehen, ohne deshalb in „theosophische Schwärmerei" zu verfallen. Denn wie soll ich die Widersprüche des endlichen, auf Erfahrung gerichteten Denkens erkennen, wenn ich die Thatsachen der Erfahrung nicht wirklich und wahrhaft zu überschreiten im Stande bin; wie soll die ganze Erfahrung um einen Schritt weiter gerückt werden (S. 12), wenn es nicht eine positive Erkenntniß des höchsten Princips gibt, welche einmal kritisch die Widersprüche darlegt, in die sich das endliche Denken als solches verwickelt, sodann speculativ dieselben vernichtet und an deren Stelle die entsprechende Wahrheit setzt? Mit andern Worten: Wenn es ein absolutes Princip gibt, so muß es auch eine diesem Princip entsprechende Erkenntnißform geben; umgekehrt, wenn es eine solche Erkenntnißform nicht gibt, so darf auch von einem absoluten Princip nicht geredet werden.

Herbart's Realismus und das Problem der Idee als Musterbild mit Rücksicht auf Robert Zimmermann's Anthroposophie.

Von
Prof. Dr. O. Caspari.

Unsere heutige Zeit, die vorzugsweise kritisch und skeptisch geworden ist, und in ihrer zerrissenen und aphoristischen Produktionsweise den systematisch geordneten Entwicklungsgang der Wissenschaft unterschätzt, scheint in ihrem Verständniß wenig geeignet für Arbeiten und Forschungen, deren Ziel es ist den „Entwurf eines Systems" zur Darstellung zu bringen. Indessen es liegt so sehr in der Natur unseres Geistes sich einem systematisch geordneten Gedankenaufbau hinzugeben, und wir können so wenig diesem tiefsten unserer idealen Triebe entrathen, daß uns der von Robert Zimmermann in seiner jüngst erschienenen Anthroposophie*) eingenommene Gesichtspunkt, der in systematisch consequenter Entwicklung alle wichtigen philosophischen Probleme und Fragen einer bestimmten Lösung unterzieht, nur um so wohlthuender berührt. Zimmermann ist seinem philosophischen Grundzuge gemäß Herbartianer; er ist es mit dem Bewußtseyn, daß Herbart sein Vorbild und Meister mehr wie die Anhänger anderer Richtungen dem philosophischen Reformator Kant, von dem die moderne Entwicklung der deutschen Philosophie ausging und auf den sie wieder zurückging, treu geblieben ist. Nannte sich Herbart einen Kantianer vom Jahre 1828, so nennt sich Zimmermann einen Kantianer von 1882. Aus dem Folgenden nun soll erhellen in wie weit er hierin Recht hat. — Zweierlei müssen wir ohne Zweifel anerkennen.

---

*) Anthroposophie im Umriß. Entwurf eines Systems idealer Weltansicht auf realistischer Grundlage von Robert Zimmermann. Wien, bei W. Braumüller, 1882.